VENDEUR D'ÉLITE

MICHAËL AGUILAR

VENDEUR D'ÉLITE

Techniques et savoir-faire des meilleurs vendeurs

2e édition

DUNOD

MICHAËL AGUILAR est diplômé de l'Institut des hautes études économiques et commerciales (INSEEC Paris).

Il dirige et anime la société AVENTAGE, organisme de formation spécialisé dans les techniques de prospection commerciale, de vente et de négociation.

Commercial pendant plusieurs années, Michaël Aguilar a vendu avec succès de nombreux produits et services dans des domaines aussi variés que l'immobilier, l'informatique, le matériel médical ou les produits de grande consommation.

Michaël Aguilar dirige également une société d'ingénierie informatique et enseigne les techniques de vente et de négociation dans plusieurs écoles supérieures de commerce.

ISBN : 2 10 002630 5

Je remercie vivement tous les vendeurs d'élite que j'ai rencontrés, pour m'avoir transmis leurs techniques et leurs secrets.

Merci également aux entreprises suivantes pour leur contribution à cet ouvrage :

Alpha Assurances (Axa)
Agena
Anderson Jacobson
Asco Eegim International
Bouygues
Bruno Meura SA
Bull
Bulik-Bio
Compagnie bancaire
DB Diffusion
Éric France
Eurobuilding
Encyclopaedia Universalis
Grand V
Jeumont Schneider Industries
Kaysersberg/Vania
Kellogg's
Lesage Représentation
Manpower
Matthews & Goodman
Matra Communication
Mediafoot (Jean-Claude Darmon)
Multilignes/Actiphone
Messages
Plein Câble
Pronytel
Rank-Xerox
Renault
Rhône-Poulenc
Union Financière de France

TABLE DES MATIÈRES

INTRODUCTION

La vente est un domaine qui concerne chacun de nous, sous une forme ou sous une autre. Que ce soit à titre professionnel ou personnel, nul n'échappe à la nécessité de vendre ; faire un exposé en public, convaincre un employeur de nous embaucher, demander une augmentation de salaire, séduire son prochain, débattre autour d'un sujet quelconque, c'est vendre son professionnalisme, sa personnalité, son charme, ses idées...

Cependant, si tout cela relève du même processus de séduction, nous ne nous attacherons, tout au long de cet ouvrage, qu'au seul sujet de la vente de produits et de services. C'est-à-dire la vente qui intéresse tous les vendeurs, ingénieurs commerciaux, dirigeants de PME ou autres artisans installés à leur compte et qui ont chaque jour des bons de commande à remplir, des contrats à signer ou des négociations à conclure.

La vocation de ce livre est d'être un ouvrage didactique, destiné à toute personne désirant connaître les techniques à mettre en œuvre pour développer son chiffre d'affaires. Point de théorie sortie de l'esprit fumeux d'un gourou à la mode, ni de verbiage sur les vertus de telle philosophie orientale appliquée à la dialectique commerciale. Cet ouvrage s'appuie sur des exemples réels, sur l'expérience et les conseils de vendeurs confirmés : les meilleurs vendeurs de France dans leur secteur, des directeurs commerciaux ou des responsables de la formation commerciale au sein d'entreprises dont le talent des commerciaux a fait le renom et la fortune de leur « maison ».

Des techniques, des « trucs », des astuces, vous seront révélés tout au long des chapitres. Leurs auteurs les appliquent avec le plus grand succès. Cependant, pour que vous puissiez les répercuter à votre tour et pulvériser vos records de vente, lisez attentivement ce qui suit.

Considérez ce livre comme le mode d'emploi d'une arme à feu : il ne s'agit pas de le parcourir en diagonale et de vous lancer à l'assaut des acheteurs : soulignez, surlignez, apprenez par cœur les règles fondamentales de vente. C'est ainsi que vous ferez de ce livre une arme redoutable au service de votre chiffre d'affaires.

Afin de retenir l'enseignement des meilleurs vendeurs, il faut s'y référer souvent, lire et relire les paragraphes principaux, et ne pas oublier, comme le dit la sagesse populaire, que « celui qui apprend et ne révise pas est comparable à celui qui sème et ne récolte pas ».

Bon nombre de conseils sont le fruit de plusieurs années d'expérience, certaines astuces sont de véritables secrets de métier, et leurs auteurs me les ont parfois révélés « la mort dans l'âme ». Aussi, n'en abusez pas. Faites un usage judicieux de ces ficelles de la profession, car elles deviendraient inopérantes si elles étaient banalisées... Imaginez qu'un acheteur vous dise « Là vous êtes en train de me faire le coup du canard boiteux » (page 136), il y a de fortes chances pour que, dès lors, votre argumentation se transforme en balbutiements !

L'augmentation de votre volume de ventes est une certitude, à la seule condition que vous respectiez toutes les recommandations précitées.

POURQUOI CE LIVRE ?

Passionné par la négociation commerciale, j'ai lu de nombreux ouvrages sur le sujet. Les librairies spécialisées en regorgent... Mais quelle déception lorsqu'il s'agit d'appliquer les préceptes de leurs auteurs.

Certains ne font état que de leurs seules expériences (vente de produits chimiques, de voitures ou de polices d'assurances...) qui sont rarement transposables aux produits ou services qui intéressent le lecteur. D'autres sont des traductions d'ouvrages américains... Si j'aime particulièrement ce pays pour son esprit pionnier, force nous est de constater que la culture et la mentalité françaises sont différentes. Je ne porte aucun jugement sur l'une ou l'autre des traditions commerciales, mais ce qui marche au pays du dollar n'est pas toujours applicable sur notre terre de France.

À cet égard, certains conseils sont proprement suicidaires pour ceux qui s'aventureraient à les appliquer. Jugez plutôt : « Vous apprenez que votre prospect a des enfants, offrez-leur des cadeaux, votre prospect vous en saura gré et vous signera votre bon de commande ». Par-delà cette perle (qui relève davantage de la corruption que de la stratégie de vente), la tentative d'associer les techniques de vente professées dans différents pays est vaine. La France n'est pas l'Amérique qui elle-même n'est pas le Japon. Quand, au début des années 80, les managers américains ont essayé d'appliquer les techniques japonaises de management pour redresser la situation de leurs entreprises, ils n'ont fait qu'accélérer leur déconfiture : le fossé séparant les cultures interdisait toute transposition.

Enfin, et c'est le cas le plus fréquent, les conseils sont prodigués par des psychologues, professeurs, théoriciens, déconnectés de la réalité des ventes. Ils sont parfois passés par le terrain quelques mois et... en raison de l'excellente notoriété de leurs diplômes, se sont « auto-intronisés empereurs de la vente » et dispensent çà et là, depuis plusieurs années, leurs bonnes paroles, et parfois en dépit du bon sens. Lorsqu'un auteur se permet d'écrire : « *En phase de conclusion, une technique redoutable consiste à laisser tomber son stylo sur l'acheteur, qui après l'avoir ramassé se retrouve naturellement en position de signer le bon de commande que vous lui tendez* », c'est qu'il n'a jamais fait de vente de sa vie.

Quand on se présente pour la première fois dans le bureau d'un prospect, c'est son propre nom et celui de sa société que l'on cite, pas ses diplômes. À ce jeu-là, l'autodidacte et l'HEC sont à égalité. Le meilleur est celui qui repart avec la commande. Ce peut être l'HEC, et certains d'entre eux ont fait des carrières commerciales impressionnantes. Mais le prestige du diplôme ne garantit pas le succès. Serait-ce pour cette raison que nos brillants diplômés désertent cette profession pour s'orienter — selon leurs dires — vers les métiers « plus nobles » du marketing et de la finance ? Je le dis avec d'autant plus d'aisance que je suis moi-même issu d'une école supérieure de commerce. Cependant, je ne peux m'empêcher de réagir lorsque je vois certains hommes de marketing former des vendeurs, rédiger leurs argumentaires, sans avoir jamais négocié la moindre vente.

Enfin, et pour en finir avec le dossier des critiques, tout le monde sait qu'un bon élève ne fait pas toujours un bon professeur. Nous avons tous hérité, au cours de notre vie d'étudiant, d'un professeur agrégé, « super-diplômé », ou brillant chercheur dont le manque de pédagogie n'avait d'égal que sa supériorité cérébrale. De même, un vendeur de génie ne fait pas, de facto, un incomparable professeur de vente.

Je ne prétends pas détenir les secrets de la pédagogie... Mais pour la parfaite compréhension des différents principes exposés, ce livre a été pensé dans un but pédagogique, et il est dépourvu de tout verbiage ésotérique. En outre, je me suis assuré qu'il pouvait être compris et assimilé par des personnes non sensibilisées aux choses de la vente.

Pas d'autosatisfaction. Encore une fois, *Vendeur d'élite* est l'œuvre de ceux qui peuvent prouver ce qu'ils affirment, qui expliquent une technique qu'ils appliquent tous les jours avec la plus grande réussite. Si les produits qu'ils représentent sont très différents, la technique reste souvent la même et l'ossature de l'entretien de vente varie peu. Certes, quelques vendeurs utilisent des variantes avec un cortège d'astuces jalousement gardées (mais tout de même dévoilées dans les pages qui suivent), mais les principes fondamentaux sont toujours vérifiés, et c'est là que réside l'intérêt du livre, car quel que soit le produit ou le service que vous désirez commercialiser, vous pourrez appliquer cet enseignement.

Si ce livre s'adresse à tous les vendeurs, débutants ou confirmés, j'ai voulu privilégier la vente difficile au détriment de la vente dite « assise » (où le vendeur décide quasiment de l'acheteur qu'il va choisir). J'ai voulu penser à l'entrepreneur qui se met à son compte, qui n'a pas de références, ni les moyens de s'offrir un encart publicitaire, mais qui dispose d'un téléphone et d'une volonté farouche de réussir. Je sais — pour avoir été l'un des leurs — combien ces vendeurs sont nombreux, et combien ils ont besoin de conseils... En effet, mettons-nous dans la peau d'un créateur de S.A.R.L. au capital de 50 000 francs ou d'un entrepreneur installé en nom propre, sans capitaux. Premier objectif : vendre. Mais lors des démarches commerciales, une plaquette publicitaire s'avère rapidement indispensable, ne serait-ce que pour répondre à la sempiternelle objection téléphonique : « Envoyez-nous d'abord une documentation ».

Mais à raison de 20 000 francs minimum les frais d'études et de réalisation de 500 documentations commerciales bas de gamme, l'investissement reste exclu. C'est aussi la période où l'on ne dispose d'aucune référence à faire valoir. Quant à l'embauche d'un vendeur professionnel... En cas d'échec, deux mois de salaires suffiraient à asphyxier définitivement la trésorerie de l'entreprise. Certains s'en sortent, mais beaucoup mordent la poussière. Parfois la faute en incombe au produit vendu (trop en avance sur son temps, ne répondant pas aux besoins du marché, etc.). Mais souvent, c'est l'aspect commercial qui fait défaut (peu ou pas de prospection, erreur de stratégie commerciale, improvisation, mauvais vendeur, etc.). Pourtant, nous verrons comment éviter les écueils dus au manque de moyens. Pour ce faire, nous avons consulté de nombreux chefs d'entreprises de PME aujourd'hui reconnus, et qui sont partis de rien. Là encore, pas de conseils chimériques mais des réponses concrètes, des solutions applicables.

D'aucuns pourraient m'accuser de faire de la démagogie. Aussi, pour ne pas décevoir ceux qui pensent que ce livre leur permettra d'entrer dans le Guinness des records au titre de vendeurs n'ayant jamais raté une vente, je dis ceci : la vente est chose difficile, et ce livre n'est pas un traité de parapsychologie permettant de faire mouche en situation désespérée par le biais d'une formule magique. En effet, il existe des ventes impossibles :

– un membre de la famille de votre prospect travaille chez votre concurrent (c'est souvent le cas pour les produits d'assurances, par exemple);
– votre concurrent, à grand renfort de publicité, lance un produit révolutionnaire qui relègue définitivement le vôtre au rang d'antiquité;
– votre produit ne répond à aucun des besoins du prospect;
– votre prospect s'est équipé tout récemment d'un produit concurrent;
– votre prospect est en situation financière difficile (ou aurait épuisé son budget) : en gestionnaire avisé, il s'interdit tout investissement qui fragiliserait sa situation.

Bien évidemment, dans les deux derniers cas, si la vente est impossible au moment de la prospection, elle peut-être reportée à une date ultérieure (une situation financière s'améliore, des budgets nouveaux sont accordés, les produits du concurrent s'usent quand l'obsolescence n'en a pas raison avant).

Point de formule magique donc, mais une technique, des conseils, des « trucs » testés, éprouvés, qui vous placeront loin, très loin devant ceux qui ne les utilisent pas.

DE L'IMAGE DU VENDEUR

Des milliers de produits géniaux, d'idées lumineuses et de projets enthousiasmants ont été abandonnés faute d'être défendus par de bons vendeurs. Combien d'entreprises ont sombré du fait de leur service commercial défectueux. La vente est le nerf de la guerre, et de l'efficacité des vendeurs dépend l'avenir de l'entreprise. Voilà de quoi faire respecter définitivement cette profession.

Pourtant, l'image du vendeur est toujours entachée par le stéréotype du vil représentant de commerce. Bien entendu, cette image du vendeur vénal ne s'est pas inscrite d'elle-même dans l'inconscient collectif. Les responsables de cette réputation existent... cependant mon propos n'est pas ici de dénoncer les brebis galeuses de la profession. Rappelons toutefois que c'est le vendeur qui joue le rôle d'interface entre l'acheteur et l'entreprise. Lorsqu'une entreprise tente d'abuser de la crédulité du client, ou plus généralement lorsqu'elle a vendu un produit défectueux ou une prestation de mauvaise qualité, quel est celui qu'on incrimine ? Le directeur de la production, le responsable Recherche & Développement, le directeur de l'entreprise ? Non, son représentant, le vendeur !

Mais passons sur ces querelles stériles autour de la noblesse des métiers... Faut-il encore rappeler que le médecin, l'expert-comptable ou l'homme politique ne peuvent se passer de la vente pour développer leur clientèle ou leur électorat ? Après avoir suivi, pendant dix-huit mois, quelque vingt-cinq des meilleurs vendeurs de France, j'ai pu dégager une règle fondamentale : un vendeur hors pair ne « baratine » pas, n'arnaque pas, ne méprise pas... Le vendeur d'excellence pose des questions habiles, écoute, convainc, séduit et emporte la vente pour son plus grand plaisir ainsi que celui de l'acheteur.

La vente est un métier d'artiste : à chaque rendez-vous, c'est le rideau qui se lève. Il s'agit de séduire l'acheteur, comme le comédien fait la conquête de son public. Lorsque le travail est bien fait, on emporte le contrat, comme le comédien recueille les applaudissements.

La maîtrise des techniques de la vente vous procurera une source intarissable de satisfactions, tant au niveau professionnel que personnel. Vous m'avez fait l'honneur d'acheter ce livre, aussi je veux être sûr qu'il vous rapporte infiniment plus que ce qu'il vous a coûté... Vous pardonnerez mon entêtement, mais puisque votre succès en dépend, je juge utile de vous renouveler le conseil d'apprendre par cœur les règles fondamentales et de les réviser souvent, comme le pianiste travaille ses gammes.

Il ne me reste qu'à vous souhaiter une bonne lecture... et de belles ventes à la clé !

CHAPITRE 1

PROSPECTION ET PRISE DE RENDEZ-VOUS

La première étape du parcours commercial consiste à découvrir les prospects susceptibles d'acheter vos produits. C'est la phase dite de prospection, dont tout le monde s'accorde à souligner le caractère vital pour l'entreprise. En effet, chaque jour, l'entreprise voit partir ses clients et les motifs qui engendrent l'érosion de la clientèle sont aussi nombreux que variés :
– disparition physique du client;
– disparition physique de l'entreprise (liquidation judiciaire);
– abandon par le client d'un projet, programme ou produit dont l'entreprise était le fournisseur ou le sous-traitant;
– innovation majeure réalisée par la concurrence et rendant obsolètes les produits de l'entreprise;
– politique de prix très agressive de la concurrence (*dumping*);
– vice de fabrication affectant la qualité d'un ou de plusieurs produits de l'entreprise, d'où perte de confiance de la clientèle;
– grève d'usine, problèmes d'approvisionnement ou négligence, délais de livraison non tenus, entraînant des ruptures de contrat pour non-respect des engagements contractuels, etc.

Ainsi, pour assurer sa pérennité et son développement, l'entreprise se voit contrainte de prospecter sans relâche une clientèle toujours renouvelée. Le commercial nouvellement engagé ou l'entreprise fraîchement créée n'ont, quant à eux, aucune autre alternative que la prospection intensive visant à constituer au plus vite une première base de clients à visiter. Il s'agit de décrocher les premières commandes qui fortifieront l'activité généralement fragile de l'« embryon commercial », après en avoir permis le démarrage.

Il existe plusieurs outils de prospection : foires-expositions, publicité (télévisée, radiophonique, par voie de presse), porte à porte, etc., mais c'est le marketing direct (et plus particulièrement le mailing et le phoning) qui retiendra notre attention dans ce chapitre. En effet, instrument de prospection universel, le marketing direct peut être pratiqué par toutes les entreprises, quelle que soit leur bourse. La multinationale peut y investir de fortes sommes : elle expédiera plusieurs dizaines de milliers de lettres, conçues par des spécialistes du copywriting (science de l'écriture commerciale), gérées et personnalisées par ordinateur, ou encore elle sous-traitera à quelques sociétés de marketing téléphonique la prise de rendez-vous pour leurs commerciaux. La petite entreprise, de son côté, pourra elle aussi s'offrir les services du marketing direct : elle enverra, selon les nécessités de son activité, quelques centaines ou milliers de lettres, mises au point par ses propres services commerciaux et gérées par micro-ordinateur. Quant au téléphone, la plus modeste société dispose d'au moins un poste. Chacun peut, à tout moment, composer un numéro et tenter d'obtenir un rendez-vous auprès d'un prospect dans le but de lui présenter une offre de produit/service.

Remarque
Les techniques et conseils qui suivent ne concernent que la prise de rendez-vous et n'ont pas vocation à l'exhaustivité. Les lecteurs désireux de parfaire leur connaissance du marketing direct et de ses techniques (VPC, vente par téléphone, bus-mailing, couponing, etc.) se reporteront avec profit aux ouvrages de référence cités dans la bibliographie.

LE FICHIER

Le fichier constitue la base même du marketing direct, la clé de voûte d'une campagne de prospection réussie. Rien ne sert d'expédier un mailing de 1 000 lettres pour vanter les mérites de son entreprise spécialisée dans le design industriel, si la cible choisie ne comporte que des sociétés commerciales (donc n'ayant pas d'activité de fabrication). Car un fichier ne vaut que par la qualité des adresses qu'il contient.

Si l'on prend l'exemple du mailing, il faut savoir que chaque opération emporte des frais de création de fichier, des coûts de fabrication des documents, d'affranchissement, de mise sous pli, de routage...

On réalise très vite qu'un fichier mal ciblé, caduc (dont les destinataires ont déménagé, changé de fonction dans l'entreprise...) ou mal orthographié peut se révéler ruineux pour l'entreprise qui investit à fonds perdus dans un média qui n'atteindra pas sa cible !

Aussi, après avoir évalué les différentes sources d'approvisionnement en adresses (comment se constituer un fichier), nous passerons en revue les règles qui président à la constitution d'un fichier performant.

Comment se constituer un fichier

Vos clients sont bien quelque part... Où les trouver ? On distinguera deux moyens complémentaires de constitution et d'enrichissement de fichiers, en fonction des données qu'ils concernent : les moyens de constitution internes et externes à l'entreprise.

Les moyens de constitution internes à l'entreprise

Les connaissances de l'entreprise

On fait toujours plus confiance à quelqu'un que l'on connaît qu'à un inconnu. L'entreprise a donc intérêt à conserver et répertorier les coordonnées des personnes avec lesquelles elle traite (qu'ils soient prospects ou clients).

Exemple

- Un prospect qui prend contact spontanément avec l'entreprise pour une demande d'information sera aussitôt « mis sur fiche ».
- Le commerçant qui encaisse un chèque prendra soin de relever les coordonnées du client avant de remettre son chèque à l'encaissement.
- Au cours de sa participation à un salon, à une foire-exposition, l'entreprise ne manquera pas de noter les coordonnées de tous ses visiteurs, profitant de l'occasion pour se constituer une base de données de prospects qualifiés. Toutefois, la plus grande réserve s'impose quant à la qualité des adresses collectées au moyen de loteries et autres tirages gratuits sur le stand. L'expérience démontre que ces jeux attirent un grand nombre de personnes alléchées par le gain qu'ils font miroiter, mais qui n'ont en réalité que peu de chances de se transformer un jour en clients de vos produits.

Le parrainage

Il représente un moyen pratique, fiable et bon marché d'obtenir des adresses de qualité. Le parrainage consiste à demander aux clients (voire aux prospects) de l'entreprise, de communiquer à celle-ci les coordonnées de leurs amis, confrères, parents ou connaissances. Elle pourra ensuite solliciter ces nouveaux prospects en se recommandant du « parrain ». L'impact est certain.

Les annonces presses avec coupon-réponse

Ce sont des publicités par voie de presse comportant un coupon-réponse à retourner à l'annonceur. Une annonce presse bien conçue constitue pour une société un moyen efficace d'élaborer un fichier qualifié. Une annonce presse se présente sous la forme d'un article rédactionnel dont les polices de caractères, la disposition des colonnes et les interlignages, dans la mesure du possible, se rapprochent astucieusement de ceux employés par la revue dans laquelle elle s'insère. Bien sûr, personne ne sera dupe de ce parti-pris de mimétisme, car la présence du coupon-réponse est là pour rappeler le caractère publicitaire de l'annonce. Néanmoins, le lecteur se sentira moins agressé par cette forme de message et se montrera plus enclin à le lire.

Les moyens de constitution externes à l'entreprise

Les compilations d'annuaires

Il existe, sur le marché, une quantité impressionnante d'annuaires (annuaires de particuliers, annuaires professionnels édités par les chambres syndicales, chambres de métiers, grandes écoles, annuaires d'associations, etc.) à partir desquels l'entreprise peut se constituer un fichier par compilation (c'est-à-dire en recopiant les adresses qu'ils contiennent). Ces fichiers, créés à bon compte, ont certes le mérite d'apporter de fabuleuses quantités d'adresses mais ils ne livrent aucune information sur leurs titulaires et souffrent d'un manque de mise à jour chronique. Le taux de déchet de ce type de fichier peut donc être important.

Les fichiers de comportement

Ces fichiers se composent de coordonnées « renseignées », c'est-à-dire de personnes dont on connaît l'intérêt pour un produit/service (parce qu'elles l'ont déjà acheté ou qu'elles s'y intéressent de près). Il existe, là encore, une multitude de fichiers de comportement, allant du fichier de collectionneurs de timbres à celui des abonnés à telle revue économique, en passant par celui des acheteurs de produits surgelés ! En règle générale, ces fichiers sont établis par les vendeurs des produits/services considérés.

Achat et location de fichiers

Un autre moyen de se constituer un fichier consiste à faire appel aux list-brokers (professionnels de la location/vente de fichiers). Ceux-ci gèrent des fichiers très importants (de compilation et de comportement) qu'ils peuvent, au moyen de leurs systèmes informatiques et sur demande, segmenter à souhait. Vous envisagez d'organiser un séminaire sur la gestion de trésorerie dans un grand hôtel de Cannes ? Vous pouvez, par exemple, faire établir par un broker le fichier de tous les directeurs financiers des entreprises de plus de 100 salariés dont les sièges sociaux se situent dans les Alpes-Maritimes et le Var.

Location ou achat ?

Lorsqu'il loue un fichier, le locataire s'engage à ne l'utiliser qu'une seule fois ; d'ailleurs, les adresses objets de la location sont souvent remises directement au routeur qui se charge de les apposer sur les enveloppes. La location intéresse essentiellement les entreprises qui réalisent des campagnes ponctuelles de publipostage.

L'achat, quant à lui, peut être envisagé si le fichier est appelé à servir à plusieurs reprises. Cependant, l'acheteur aura soin de vérifier la qualité des adresses, en réalisant au préalable un test sur un échantillon représentatif du fichier qu'il projette d'acheter. Ceci lui permettra de vérifier, par exemple, que le taux de retour NPAI (N'habite pas à l'adresse indiquée) est inférieur à 5 %, seuil limite de tolérance.

Pour que votre fichier soit performant

Constituer un fichier est indispensable. Mais constituer un fichier performant est infiniment préférable ! Cette entrée en matière quelque peu triviale appelle une question : qu'est-ce qu'un bon fichier ? À quoi mesure-t-on son efficacité ?

Un fichier performant se reconnaît à ce qu'il répond à plusieurs critères.

L'actualisation des données

Parce qu'un fichier ne vaut que par les adresses qu'il contient, l'actualisation de ses données représente une préoccupation essentielle. Inutile, par exemple, de recopier les adresses d'un annuaire professionnel datant de cinq ans, la fiabilité des informations ainsi obtenue pourrait bien se situer en-deçà des 20 %. Vous pouvez le vérifier par vous-même : considérez dix personnes de votre entourage, combien d'entre elles occupaient, cinq ans plus tôt, le même poste à la même adresse ?

C'est pourquoi le locataire d'un fichier ne manquera pas de faire préciser à son fournisseur la manière dont il actualise ses données et la fréquence de leur mise à jour. De même, l'entreprise devra s'imposer un contrôle régulier de l'état de fraîcheur de ses propres fichiers. Car chaque fiche erronée est une source de dépense improductive pour l'entreprise. Une source d'échec.

Exemple

> « Allô ? Bonjour madame. Corinne Dubois de la société Kivantou. Pouvez-vous me passer François Dufer, s'il vous plaît ? »
> « Ce serait avec plaisir, mais cela fait bien trois ans que Monsieur Dufer ne fait plus partie de notre société. »

Bien entendu, notre téléactrice aura vite fait de détruire ou mettre à jour le contenu de sa fiche, prévenant ainsi toute nouvelle erreur. Mais que dire de l'entreprise qui prospecte « en aveugle », expédiant ses documents par voie postale, plusieurs fois par an, sur la base d'un fichier vicié ? Le verdict est simple : chaque opération de publipostage est l'occasion, pour cette société, de jeter de l'argent... par la boîte aux lettres.

Jean-Jacques Pelé (Pronytel), dans une formule imagée, souligne l'importance de l'actualisation du fichier :

> *« Un fichier de prospects ou de clients est un peu comme une plante d'appartement. Il faut l'entretenir avec soin, en lui accordant une attention sans défaut :*
> *– éliminer aussitôt les fiches caduques (cessation ou changement d'activité du client, par exemple);*
> *– actualiser les données au jour le jour (déménagement, changement de fonction de l'acheteur...);*
> *– supprimer les doublons (c'est le travail dit de dédoublonage, qui consiste à éliminer les fiches existant en double, en triple ou davantage).*
> *Ce n'est qu'à ce prix que pourra donner les fruits convoités cette plante si délicate, le client. »*

Segmentation judicieuse du fichier

Déjà vu :

> Cher Monsieur Dujardin,
>
> Vous pensez certainement qu'il fait chaud, et qu'une bonne baignade vous ferait le plus grand bien [...].
>
> Nous sommes heureux de vous adresser une documentation présentant nos principaux modèles de piscines [...].
>
> Sur simple demande de votre part, un conseiller commercial prendra rapidement contact avec vous [...].

Notre destinataire recevant cette missive au courrier du matin n'aura sans doute qu'un haussement d'épaules, excédé s'il est de mauvaise humeur... Il habite un appartement ! En effet, l'annonceur a certainement segmenté son fichier selon des critères géographiques. Il a pu, par exemple, sélectionner tous les habitants de telle zone pavillonnaire de tel quartier résidentiel, oubliant sans doute d'extraire de sa sélection quelque immeuble d'appartements situé dans ce quartier.

Plus la cible sera délimitée avec précision, plus grandes seront les chances du projectile (le message commercial) de l'atteindre. La segmentation de fichier a précisément pour objet de délimiter avec un maximum de finesse les contours de la cible, de faire en sorte que celle-ci contienne le plus grand nombre possible d'individus susceptibles de concevoir de l'intérêt pour le produit considéré.

La qualification du fichier

Les résultats obtenus sont catégoriques : le rendement d'une campagne de marketing direct s'avère considérablement augmenté lorsque le message commercial est personnalisé. Un courrier personnalisé (c'est-à-dire faisant ressortir, dans le corps du texte, le nom, voire le prénom et/ou quelques informations spécifiques au destinataire) ou un appel téléphonique personnalisé (dans lequel le téléacteur appelle son interlocuteur par son nom) émeut davantage le prospect qu'un message anonyme.

Cependant, la réalisation d'un tel message commercial, suppose que l'on s'appuie sur un fichier renseigné, qualifié. Or, tous les fichiers ne sont pas renseignés comme on pourrait le souhaiter.

Exemple

Imaginons que vous commercialisez des accessoires de bureau personnalisés au logo des entreprises clientes. Votre produit s'adresse donc aux acheteurs de cadeaux d'entreprise. Malheureusement, le seul annuaire à votre disposition ne fait mention que du nom du responsable des entreprises. Que faire ?

Plusieurs solutions s'offrent à vous.

• Vous adressez votre courrier aux adresses indiquées et « *À l'attention du responsable des achats* ». Cette lettre aura peut-être pour destin de se perdre dans les dédales de l'entreprise ou encore d'être immédiatement éliminée par une secrétaire estimant que « *[son patron] n'a pas le temps de consulter les dizaines d'offres qu'on lui soumet chaque jour* ».
• Puisque vous connaissez son nom, vous adressez votre courrier au directeur de l'établissement. Cependant, vous courez le risque que la fonction « achat de cadeaux d'entreprise » ne soit pas de son ressort, et que par conséquent votre proposition n'atterrisse au fond d'une corbeille.
• Vous optez pour l'opération la plus rentable et procédez en deux temps.
1. Qualification du fichier : il ne s'agit ni plus ni moins que de téléphoner à chaque entreprise (en utilisant par exemple une méthode éprouvée sur laquelle nous nous pencherons plus loin) pour obtenir les nom, prénom et coordonnées exactes du responsable que vous projetez de contacter.
2. Fort de cette information, vous pourrez lui adresser un courrier personnalisé ou bien téléphoner à nouveau, quelques jours plus tard, en demandant à parler à monsieur ou madame Untel.

LA PROSPECTION PAR MAILING OU PUBLIPOSTAGE

Quelle est l'entreprise qui ne s'est pas déjà essayée à envoyer un mailing en vue de développer sa clientèle ? Et qu'en ressort-il généralement ? Des opinions contrastées : « *À chaque fois qu'on investit sur ce média, on perd de l'argent. La prospection par mailing, ça ne marche pas !* » se lamente tel directeur commercial, peu satisfait des performances de la Poste. Tandis qu'un autre cadre commercial/marketing ne tarit pas d'éloges sur la Poste et ses hommes, ces « facteurs » du succès commercial de l'entreprise.

Alors, efficace, le mailing, ou impuissant ? Il ne saurait être donné de réponse catégorique à cette question, tant il est vrai que la réussite d'un mailing dépend d'un grand nombre d'éléments. Par exemple, le fichier a-t-il été convenablement ciblé ? Est-il actualisé ? Le produit/service proposé présente-t-il un intérêt réel pour le prospecté ? Le texte adressé au destinataire est-il clair, soigné, motivant ? etc.

Quoi qu'il en soit, il faut le constater : le marketing direct s'impose de plus en plus dans l'entreprise. Les budgets qui lui sont consacrés vont sans cesse croissant. Pourquoi un tel engouement pour cette technique ? Parce qu'elle se révèle plutôt bon marché, qu'elle est fiable (un mauvais mailing apporte malgré tout 0,5 % de résultats), permet une approche très fine des cibles (évitant la déperdition de l'information qui se produit avec la télévision, la radio ou la presse écrite) et apporte des résultats mesurables (en terme de pourcentage de réponses, ou de coupons « remontés »).

Cependant, l'expérience montre qu'un mailing, une lettre de prospection ne s'improvisent pas. La gestion d'un fichier, la technique de l'écriture commerciale exigent non seulement des connaissances spécifiques (de la communication en général et du marketing direct en particulier), mais aussi un certain savoir-faire, qui peut-être un tour de main empirique, pour pouvoir fournir des résultats satisfaisants. Les règles et les astuces exposées dans les pages qui suivent ont été recueillies auprès de professionnels reconnus du marketing direct, véritables spécialistes de la science de l'écrit commercial. Il s'agit de messieurs Yvon le Men (agence Messages), Joëlle Tison (agence Wunderman), Régis Gandelon (agence Pharmactif Nouveau Language) et Alain Sucra (conseil en communication, agence CEPG).

Les règles fondamentales du mailing, ou comment captiver votre lecteur

Incontestablement, l'élément prépondérant du mailing, celui sur lequel repose une bonne part de vos rendements, c'est la lettre. Vous pouvez, en effet, glisser à l'intérieur de l'enveloppe une documentation en quadrichromie pelliculée glacée, de coûteuses photos, des échantillons, un bon de commande, une enveloppe retour... Ce qui entraînera la vente, c'est le « vendeur en papier » : la lettre !

La lettre est le support par excellence d'une amorce de dialogue qui se veut chaleureuse, persuasive, voire intimiste... et de toute manière le plus possible personnelle. Son objectif : convaincre, par sa force promotionnelle et émotionnelle, le lecteur de réagir au message qu'elle contient et de vous écrire, vous téléphoner, vous proposer un rendez-vous !

Pour parvenir à ce résultat, votre lettre doit impérativement répondre à un certain nombre de règles de base. Leur efficacité a été cent fois testée et les transgresser constitue une véritable faute professionnelle (Ce que semblent ignorer un nombre impressionnant d'entreprises qui continuent de gaspiller des sommes considérables dans l'envoi de lettres inefficaces et rédigées en dépit du bon sens. On a même vu des mailings sans lettre !).

Le contenu de la lettre

Pleins feux sur le nombril ! Le but d'une lettre de marketing direct n'est pas d'exprimer la satisfaction de celui qui l'écrit, mais de convaincre celui qui la lit qu'il a tout à gagner à réagir dès sa réception.

La règle essentielle qui préside à la rédaction de toute lettre de marketing direct, script de marketing téléphonique ou argumentaire de vente est de toujours démontrer au consommateur que les caractéristiques du produit présentent tous les avantages pour **lui** (nous reviendrons longuement sur ce sujet au cours du prochain chapitre). Ce que Frédéric Hué (agence Messages) résume par une formule lapidaire : « *Toujours s'exprimer en bénéfice-consommateur et non en bénéfice-produit* ». Ce qui intéresse le prospect, c'est de savoir ce que votre produit/service va lui rapporter ou lui faire gagner ; tout le reste, les caractéristiques techniques de votre produit, vous, votre société, est secondaire !

Pour vous en convaincre, lisez ces deux extraits de lettres dont le destinataire est un acheteur de matériel d'imprimerie. D'après vous, lequel aura le meilleur impact ?

> *Premier message*
>
> ... Le système de fonctionnement de notre lecteur de plaques utilise largement des procédures informatisées et permet, par un balayage de la plaque, d'enregistrer avant le calage les différentes valeurs et densités de l'image à imprimer. L'enregistrement des signaux se fait sur une cassette que le conducteur introduit ensuite dans le pupitre de la machine. Le réglage des encriers se fait automatiquement à partir des informations contenues dans la cassette.

> *Deuxième message*
>
> ... Avec le lecteur de plaque X, vous calerez avec 60 feuilles au lieu de 250. Un gain de productivité en main-d'œuvre et en papier que vous saurez apprécier !
>
> Mais ce n'est pas tout.
>
> Le lecteur de plaque X est utilisable pour toutes les machines. C'est-à-dire que vous pourrez l'utiliser sur l'ensemble de votre parc... et multiplier ainsi vos gains de productivité !
>
> En somme, le lecteur de plaque X vous permettra de réaliser des économies substantielles, et par conséquent d'être plus compétitif !

Vous l'avez compris. La première règle du rédacteur de lettres de marketing direct est de savoir « parler » au consommateur en évoquant les bénéfices, gains et avantages qu'il pourra tirer du produit/service proposé. Au diable les démonstrations compliquées. Plus le message est clair, plus les termes qu'il emploie sont frappants et plus l'impression produite sur le prospect sera efficace : *« Grâce au produit X, vous aller gagner...* » (du temps, de l'argent, la reconnaissance de votre professionnalisme, de la tranquillité d'esprit, etc.).

La personne visée étant au centre de vos préoccupations, ses aspirations et ses besoins souverains, la lettre se conjuguera à la deuxième personne du pluriel. Les « je », « nous », « notre société » se feront discrets tandis qu'on leur préférera les « vous », « vos », votre ». Le lecteur se sentira beaucoup plus concerné par une lettre qui lui parle de lui, évoque ses soucis, ses désirs, que par n'importe quelle ode à la gloire d'une société X ou d'un produit Y !

Voici deux versions d'une même lettre adressée à un commerçant. Imaginez un instant que vous êtes ce commerçant ; laquelle des deux vous décidera-t-elle à prendre contact avec l'entreprise prospectrice ?

> *Première lettre*
>
> Monsieur,
>
> Notre groupe connaît actuellement une expansion sans précédent.
>
> Pour faire face à notre développement, nous recherchons des distributeurs sur le département des Alpes-Maritimes.
>
> Notre documentation ci-jointe vous présente notre gamme complète de produits.

Comme vous pouvez le constater, tous les produits de notre catalogue sont assortis d'une remise de 47 % sur le prix de vente. Par ailleurs, il nous apparaît utile de vous préciser que ces produits sont fabriqués par nous-mêmes dans notre usine du Loir-et-Cher.

Pour plus d'information, ou pour prendre rendez-vous, appelez notre service commercial au 43.xx.xx.xx.

Bien cordialement,
Aimé Galomane
Responsable distribution

Deuxième lettre

Monsieur,

Voulez-vous augmenter votre chiffre d'affaires ? Augmenter vos marges ?

Votre réponse est certainement affirmative ! Alors voici comment :

Vous trouverez, ci-joint, une plaquette de présentation des produits de notre société ! Ces produits, il est vrai, connaissent actuellement un très grand succès commercial... Et si nous vous contactons aujourd'hui, c'est pour vous permettre de profiter, vous aussi, de cette réussite, en acceptant de distribuer ces produits sur votre département, les Alpes-Maritimes.

Mais ce n'est pas tout !

En découvrant nos tarifs, vous pourrez constater que la remise distributeur est de... 47%, alors que la remise généralement consentie sur ce type de produit est de 42% ! Cela est possible parce que nous sommes fabricants et vendons directement aux détaillants, sans intermédiaires. La remise du grossiste vous est donc **offerte** !

Alors rejoignez sans tarder le réseau des 72 distributeurs qui gagnent, et gagnez à votre tour.

Si vous désirez en savoir plus, ou recevoir la visite d'un collaborateur, appelez vite le 43.xx.xx.xx. !

Votre dévoué,
Paul Position
Responsable distribution

A la lecture de la première lettre, votre réaction sera sans doute la suivante : « Cette entreprise est en expansion ? Fort bien ! Mais en quoi cela m'intéresse t-il ? Ces gens doivent faire face à leur développement ? Et alors ! Est-ce mon problème ? J'ai déjà suffisamment à faire avec le développement de ma propre société pour m'occuper du leur. Quant à savoir qu'ils fabriquent leurs produits dans leur usine du Loir-et-Cher, je m'en fiche éperdument. » La seconde lettre est bien plus engageante et le lecteur se sent immédiatement concerné... Non seulement il se trouve au centre de la lettre (omniprésence du « *vous* »), mais on lui promet la réussite, l'argent ! Bien difficile, pour un commerçant soucieux de la rentabilité de son commerce, de décliner à priori une telle invitation au succès.

L'accroche

L'accroche consiste en un message (souvent en caractères géants, gras ou entourés d'étoiles) situé sous l'en-tête de la lettre, en général en haut et à droite. Lorsqu'il déplie la missive du mailing, c'est l'accroche qui tombe en premier sous les yeux du prospect.

En conséquence, la seule bonne accroche sera celle capable de susciter la curiosité du lecteur et lui donner envie de lire tout le contenu du message. Pour aboutir à ce résultat, il convient de s'assurer que l'accroche comporte bien une promesse (une économie à réaliser, un cadeau, une réponse à une question que se pose le lecteur, une vie plus agréable, la réalisation d'un rêve, une solution à un problème), celle d'un bénéfice pour le lecteur. On pourra, par exemple, pour élaborer la promesse, s'inspirer de la méthode SACOL (*cf.* page 95).

Exemples

Quelques accroches ayant porté leurs fruits.

- Défendez votre patrimoine contre les droits de succession.
- Augmentez la capacité de production de votre matériel X en investissant le minimum.
- Entrez dans le club très fermé des possesseurs de la carte Machin.
- Nouveau : un logiciel qui divise par 3 vos coûts de gestion commerciale.
- Augmentez vos ventes et vos profits grâce aux produits Niark !
- Votre maison... à 20 mètres de l'océan pour 1 843 francs par mois.

- Comment faire des économies sur votre facture de chauffage.
- Recevez un précieux cadeau personnel en vous informant sans engagement sur les avantages du produit Pouic !
- Comment trouver rapidement un emploi (comment faire dire « oui » à un employeur).
- Gratuit : une consultation de trois heures.

Attention, cependant. L'accroche n'est pas toujours indispensable, ni même conseillée. Le mailing à caractère officiel ou haut de gamme, par exemple, visant le président-directeur général, ou adressé à quelques « pointures » tout aussi respectables d'entreprises prospectées, se gardera de comporter une accroche. En effet, le côté « racoleur » de celle-ci ne peut qu'entacher l'image de la société qui l'envoie.

Les premiers mots

Vous ne disposez que de très peu de temps pour captiver votre lecteur. Une mauvaise entrée en matière suffit pour que la lettre se transforme en boulette et aille atterrir dans une corbeille à papier !

Aussi, pour retenir d'emblée le lecteur, il convient de jouer son « joker » dès l'entrée en matière, de placer ses meilleurs atouts (promesses de bénéfices) en début de texte. À défaut, on pourra, pour forcer la curiosité du lecteur, recourir aux images ou encore à l'émotion. C'est ici que votre imagination prend le relai, pour actionner les ressorts secrets de l'âme du lecteur... et l'amener à lire la lettre jusqu'au bout.

Ces quelques extraits choisis d'introductions de lettres performantes jouent tour à tour sur la promesse de bénéfices, l'émotion et l'imaginaire.

- *Annonceur*

Vendeur de systèmes de protection contre le vol de véhicules.

Monsieur,

Dans quelques jours, dans quelques heures, votre véhicule sera définitivement protégé contre le vol ! Plus personne ne pourra jamais « l'emprunter » sans votre autorisation !

• *Annonceur*
Fabricant de jouets.

Monsieur,
Accepteriez-vous un rendez-vous si je vous présentais une gamme de produits qui vous assure une augmentation de votre chiffre d'affaires de 10 % minimum... et des marges encore plus confortables que celles dont vous avez l'habitude ?

• *Annonceur*
Société commercialisant des onduleurs pour micro-ordinateur.

Monsieur,
Votre ordinateur sans onduleur est comme un acrobate sans filet !
Coupures d'électricité, variations de tension, micro-coupures, sont autant de dangers qui guettent votre micro-ordinateur et qui risquent à tout moment de provoquer l'irréparable : la perte de tout ou partie de vos données.

• *Annonceur*
Cabinet de formation à la création d'entreprise.

Monsieur,
Avant de vous présenter l'objet de cette lettre, permettez-moi de réaliser sur vous une petite expérience très agréable.
Fermez les yeux quelques instants et représentez-vous à la tête de VOTRE entreprise ! Que voyez-vous ?

• *Annonceur*
Société de location de véhicules de prestige.

Monsieur,
Imaginez la scène suivante :
Nous sommes en plein été, sur la plus belle avenue du monde : les Champs-Elysées.
Comme chaque jour, les touristes mitraillent les vitrines prestigieuses des beaux magasins, des femmes courent à leurs emplettes, tandis que les businessmen affairés se rendent à leurs rendez-vous professionnels...
Soudain, une voix s'élève dans la foule : « Regardez ! ». Quelqu'un désigne du doigt une magnifique Bugatti Type 51 Sport de 1933 descendant la célèbre avenue. Tous les regards conver-

> gent vers cette merveille de l'automobile, qui suscite sur son chemin acclamations, bouches bées et sourires émus.
>
> Pendant ce temps, au volant, le conducteur savoure son plaisir. Et ce conducteur, c'est **vous** (...).

Comme vous le constatez, en matière d'introductions efficaces, il n'est d'autres limites que celles de l'imagination. Et pour démontrer que l'on peut aller très loin dans la liberté de ton et l'originalité de l'approche, voici un exemple d'entrée en matière performante (tiré de l'ouvrage *Pratique du marketing direct* d'Yvon Le Men, Dunod) et adaptable à un très grand nombre de situations (opérations promotionnelles, invitations personnelles, offres spéciales, etc.).

> Cher Monsieur,
>
> Cette lettre constitue une injustice flagrante.
>
> En effet, autant elle enthousiasmera les rares privilégiés à qui elle est adressée, autant elle mécontentera tous ceux, tellement plus nombreux, qui risquent d'en avoir connaissance... sans en être destinataires.
>
> Et pourtant, il m'a bien fallu choisir les noms de ceux à qui nous allons permettre, dès le mois de septembre prochain, de... (bénéficier de l'offre exceptionnelle sur..., d'assister au lancement de la nouvelle..., d'accéder au niveau suprême en matière de) [...].

Suivait une lettre de marketing direct classique et vendeuse.

Le post-scriptum

Savez-vous comment réagissent la plupart des lecteurs pressés par le temps (soit la majorité des lecteurs) à réception d'une lettre de marketing direct ? Ils commencent par lire l'accroche, sautent le corps du texte pour regarder la signature (« Qui m'écrit ? »), puis ils jettent un coup d'œil au P.S. Et ce n'est que s'ils ont trouvé, dans cette lecture « en diagonale », un message qui les intéresse, une information qui retient leur attention ou suscite leur curiosité, qu'ils remontent au début de la lettre afin d'en savoir plus.

Ainsi, après l'accroche, le P.S. constitue l'élément le plus important de la lettre. Il est l'ultime hameçon, la dernière chance de l'auteur du courrier de ferrer le lecteur. Par conséquent, le P.S. doit contenir un argument puissant (voire le meilleur argument de l'offre). Ce peut être une promotion exceptionnelle, un produit/service nouveau, révolutionnaire, un cadeau ou autre libéralité. D'autre part, un P.S. qui insiste sur une date limite ou utilise une astuce quelconque pour inciter le lecteur à répondre au plus vite, augmente toujours le rendement de la lettre.

Quelques post-scriptum performants

• P.S. Surtout n'oubliez pas, cette remise exceptionnelle vous est consentie pendant dix jours. Prenez donc rapidement contact avec notre service commercial !

• P.S. Pour vous remercier de répondre dans les 48 heures, je vous offrirai, le jour de notre rencontre, un précieux... (guide de voyage, stylo-plume en acajou, etc.).

• P.S. Plus vite vous nous contacterez, plus vite vous pourrez... (résumer le(s) point(s) fort(s) de l'offre. Par exemple, réaliser des économies d'impôts).

• P.S. Ah ! J'oubliais, tous nos produits sont garantis 2 ans pièces et main-d'œuvre !

• P.S. Faites vite : le nombre des participants à la démonstration du nouveau logiciel Zorgl est limité... Les réservations seront honorées dans leur ordre d'arrivée !

Dernier raffinement : pour renforcer le caractère personnel et l'urgence, le P.S. pourra être manuscrit. À condition, bien sûr, que l'écriture en soit parfaitement lisible, le style dynamique, et qu'il soit manifestement rédigé par le signataire de la lettre, avec la même plume et dans une couleur déjà utilisée dans le texte.

La personnalisation du texte

Indubitablement, une lettre personnalisée engendre de meilleurs résultats qu'une lettre anonyme. Cela dit, une personnalisation efficace ne consiste pas à répéter cinq ou dix fois « Monsieur Lebreton » et à lui rappeler à trois reprises qu'il demeure 36 rue des Dolmens à Plougastel-les-Deux-Menhirs ! Car une personnalisation à outrance exaspère le lecteur... qui d'ailleurs n'est pas dupe et sait pertinemment de quelles prouesses techniques sont capables les ordinateurs.

Je ne peux résister au désir de vous soumettre un extrait d'une lettre qui m'a été adressée récemment par un promoteur de maisons individuelles. Le ridicule ne tue pas, dit-on !

> [...] Alors venez visiter notre maison-témoin. Le meilleur accueil vous sera réservé, Monsieur Aguilar Michael.
>
> Vous pourrez participer gratuitement au tirage de notre super-tombola. Et vous serez peut-être, Monsieur Aguilar, le grand vainqueur du Super-Magot ! Mais au fait, si vous étiez justement le grand gagnant, que feriez-vous de ces cent mille francs, Monsieur Aguilar ?
>
> P.S. : Si vous passez nous rendre visite avant 15 jours, nous vous remettrons un cadeau que nous avons tout spécialement choisi pour vous, et sur lequel est déjà inscrit : à l'attention de Monsieur Aguilar Michael [...].

Ces piteuses mascarades ne trompent personne. En outre, elle auront pour effet certain de... jeter le discrédit sur la technique même du mailing, car le résultat de ces pitreries décevra le plus souvent l'annonceur.

La bonne personnalisation consiste à savoir surprendre sans jamais flagorner; il convient donc d'employer le patronyme du destinataire à bon escient, discrètement, et d'en bannir l'usage abusif et systématique. Mais bien personnaliser, c'est encore savoir dire sans jamais se tromper « Chère Mademoiselle » à une demoiselle, « Monsieur le Directeur général » au directeur général ou encore « Monsieur l'abbé » à un curé.

Testez et approuvez

En marketing direct, la phase de test est fondamentale. Elle consiste à choisir, au hasard, un échantillon de destinataires dans le fichier, et à lui adresser le mailing. L'extrapolation des résultats obtenus à l'ensemble du fichier permet d'évaluer les chances de succès du mailing final. En cas de résultats insuffisants, on remanie la lettre et/ou l'offre qu'elle contient.

C'est ainsi que procèdent les professionnels du marketing direct : ils testent, re-testent, encore et encore, jusqu'à l'obtention d'un résultat satisfaisant. Ensuite, et ensuite seulement, a lieu le lancement du mailing final.

Quels éléments peuvent-ils être testés ?

Tous les éléments d'un mailing peuvent faire l'objet d'un test :
– le message commercial : l'accroche, les arguments, le contenu rédactionnel, le style, le post-scriptum, etc. ;
– la création : la qualité du papier, le format, la longueur du message, la police de caractère, etc. ;
– la cible : la qualité du fichier, la segmentation... ;
– l'offre elle-même : le prix (s'il est annoncé dans la lettre), la prime offerte, la méthode de réponse (carte T, timbre à coller, réponse téléphonique), la durée de validité de l'offre, etc.

Cependant, pour être statistiquement significatif, et donc extrapolable sans risque, un test doit porter sur un nombre minimum de prospects ou de clients. En aucun cas, l'échantillon-test ne devra compter moins de mille adresses.

Trucs et ficelles de concepteurs-rédacteurs

Pour donner plus de « punch » à une lettre commerciale, pour séduire plus sûrement le lecteur et augmenter la rentabilité d'un mailing (augmenter le nombre des réponses obtenues), les concepteurs-rédacteurs de lettres de marketing-direct (*copywriters*) recourent fréquemment à l'emploi de quelques ficelles spécifiques au métier. Fruit d'une longue expérience pour la plupart, leur efficacité n'est plus à démontrer.

Cela dit, ne rêvons pas... Il ne suffit pas d'appliquer consciencieusement ces astuces pour réussir à coup sûr sa campagne de prospection commerciale. Car la réussite d'un mailing dépend aussi — et largement — d'un certain nombre de facteur externes, qui échappent à la technique du marketing direct :
– le talent rédactionnel, l'imagination créative, le don de persuasion du concepteur-rédacteur ;
– l'adéquation du produit /service au marché ;
– la qualité de réalisation des documents (choix du papier, qualité de l'impression, etc.).

Ceci précisé, examinons de plus près quelques-unes des meilleures ficelles susceptibles d'accroître la rentabilité d'un mailing. En sachant, bien sûr, qu'il en existe d'autres.

La correspondance privée

« *Dans un mailing, tout ce qui permet de rapprocher la correspondance professionnelle de la correspondance personnelle est de nature à favoriser la réussite de celui-ci* » affirme Frédéric Hué. En d'autres termes, une enveloppe timbrée avec un timbre véritable, ou mieux, avec un timbre de collection, produit un meilleur impact qu'une lettre affranchie mécaniquement; de même, une adresse manuscrite fera plus d'effet qu'une étiquette imprimée. La même constatation prévaut pour le sceau de l'auteur : une signature fait-main, à l'encre bleue, impressionnera plus favorablement qu'une signature photocopiée.

Bien entendu, lorsqu'un mailing comporte cent mille envois, il n'est plus question de coller manuellement les timbres (d'autant que l'envoi en nombre par routage permet des économies substantielles d'affranchissement) et encore moins de calligraphier cent mille adresses à la plume d'oie ! Toutefois il existe aujourd'hui sur le marché des dispositifs d'impression permettant d'imiter — à s'y méprendre — l'écriture manuscrite. Par ailleurs, l'expéditeur soucieux de donner à sa signature l'aspect le plus authentique possible pourra trouver un bon imprimeur capable de faire une reproduction approchante de la signature véritable au stylo-plume bleu.

Néanmoins, lorsque le mailing ne sera pas trop important quantitativement (maximum cinq mille lettres) et le produit/service vanté haut-de-gamme ou à caractère officiel, quelques efforts et soins supplémentaires pourront conférer au mailing un caractère encore plus personnel, à fort impact (en collant un vrai timbre et en signant au stylo-plume bleu, par exemple).

Les cadeaux

Aussi étonnant que cela puisse paraître, une promesse de cadeau dans une lettre permet d'augmenter le nombre de réponses de 20 à 35% ! Et quand il s'agit de recevoir un cadeau, tous les publics se révèlent concernés. Cependant, l'efficacité en sera renforcée si le cadeau possède un lien logique avec le produit/service offert. Par exemple, lorsque l'agence Messages fut chargée par la compagnie d'assurance Lloyd Continental de promouvoir un produit destiné aux professions libérales, elle donna au cadeau la forme d'une brochure de plusieurs dizaines de pages sur le thème « Les professions libérales face à la fiscalité ». Résultat : les rendements de cette campagne furent doublés par rapport à la campagne précédente, qui ne comportait aucune prime !

La structure des paragraphes

Pour être agréable à lire, une lettre doit être aérée. On veillera donc à espacer ses paragraphes. En effet, lorsque le corps d'une lettre se présente sous la forme d'un bloc monolithique, l'œil en refuse la lecture... La constatation a été faite que le seuil maximal de six lignes par paragraphe ne devait jamais être dépassé... sous peine de décourager le lecteur.

Les mentions manuscrites et soulignements

Les mentions manuscrites sont les accolades, les doubles traits verticaux, les flèches et les annotations figurant à gauche du texte dans la marge. Les soulignements, quant à eux, peuvent être faits à la main ou imprimés.

Mentions manuscrites et soulignements apportent du relief au texte, tout en en facilitant la lecture par la mise en exergue des éléments-clés de l'offre qu'il contient. Pour ma part, l'utilisation qu'en font certains pseudo-professionnels du marketing direct me laisse totalement interdit : un véritable carnaval, ou la plupart des phrases sont soulignées, voire surlignées au feutre fluorescent, et parfois en plusieurs couleurs. Quant à la marge, elle est littéralement saturée d'annotations... Quel gâchis esthétique ! Toute l'énergie persuasive du texte s'effiloche, fuit de tous côtés !

Pour produire un effet optimal, les mentions manuscrites doivent être employées avec discernement (pour faire ressortir un élément capital de l'offre, par exemple) et parcimonie (une ou deux mentions maximum par page, soulignement compris).

Les doubles tirets et caractères gras

Pour mettre en évidence un avantage ou une phrase importante sans recourir aux mentions manuscrites, les copywriters usent également d'autres stratagèmes.

- *Les doubles-tirets (isolant une phrase)*

> [...] Et pour vous remercier de votre visite, nous aurons le plaisir de vous remettre, lors de notre rencontre, un précieux cadeau -- une lampe halogène de bureau -- que vous pourrez choisir parmi cinq modèles différents.

• *La graisse des caractères*

Cette **remise exceptionnelle** n'est valable que 10 jours. C'est pourquoi nous vous conseillons de prendre contact **dès aujourd'hui** avec notre service commercial.

Le bas de page

Lorsqu'une lettre comporte plusieurs pages, les concepteurs-rédacteurs utilisent un moyen astucieux pour inviter le lecteur à tourner la page et poursuivre sa lecture. Ce moyen — cher à Hitchcock — consiste à ménager un véritable suspens en fin de page.

Exemples

Ce système vous permettra de réaliser jusqu'à 20 % d'économie sur vos coûts de production. En voici la preuve : [...]

T.S.V.P.

Et pour vous remercier de votre visite, nous aurons le plaisir de vous remettre, sur notre stand, un précieux cadeau. Jugez plutôt : il s'agit en effet d'un magnifique [...]

T.S.V.P

Les dynamiseurs de style

Certains mots, certaines expressions possèdent un pouvoir surprenant. Leur présence dans le corps de la lettre insuffle vitalité au texte, tonifie les arguments.

Quelques-uns de ces dynamiseurs :

• *Pourquoi ?*
• *Comment ?* Ou : *Comment est-ce possible ?*
• *Attention !*
• *Mais ce n'est pas tout !*

Exemple

En outre, ce programme de gestion de projets sera parfaitement adapté à vos besoins. Pourquoi ? Parce qu'il a été conçu par plusieurs chefs de chantiers, comme vous, et testé avec succès auprès de 40 entreprises du BTP.

> Mais ce n'est pas tout !
>
> Ce système est d'une utilisation extrêmement simple. Sans stage de formation, en deux heures, vous serez à même d'exploiter ses innombrables ressources. Comment ? Tout simplement, en suivant pas à pas les instructions du manuel d'utilisation associé.

Les catalyseurs de décision

D'autres mots, d'autres expressions ont le pouvoir quasi miraculeux d'accélérer le processus de décision du prospect. Et bien que les copywriters en aient usé et abusé jusqu'à l'« overdose », leur pouvoir demeure intact, « stupéfiant » ! Du reste, nul professionnel ne prendrait le risque de renoncer à leur emploi... sous peine de voir chuter de manière révélatrice la rentabilité de ses mailings.

Quelques catalyseurs percutants :
- *Gratuit !*
- *Cadeau !* ou mieux : *cadeau gratuit !*
- *Nouveau !*
- *Spécialement pour vous !*
- *Exceptionnellement pour vous !*
- et, dans une moindre mesure, tous les superlatifs (*étonnant, extraordinaire, incroyable, fantastique,* etc.).

Le mot de la fin

Comment prendre congé du lecteur ? La plupart des lettres de prospection commerciale s'achèvent dans une navrante platitude : « Vous souhaitant bonne réception, je vous prie d'agréer, Madame, Monsieur, l'expression de mes sentiments distingués. »

Sus aux fins de lettres banales ! Une bonne prise de congé doit être tonique, déterminant le lecteur à passer à l'action ou, à défaut, à envisager de prendre un rendez-vous. Et surtout, elle évitera les lourdes formules de politesse, qu'au reste personne ne lit plus.

> *Quelques fins de lettres intéressantes*
>
> • Gagner de nouvelles parts de marché ne dépend que de vous : il vous suffit d'appeler le 57 XX XX XX !
>
> Votre dévoué.

• Une raison de plus pour prévoir dès maintement notre rendez-vous : cette offre n'est valable que 10 jours à dater de la réception de ce courrier.

Retournez donc dès aujourd'hui le bulletin-réponse ci-joint.

Bien cordialement.

• Afin de vous présenter — en avant première — ce procédé révolutionnaire de fabrication, nous prendrons la liberté de vous téléphoner pour convenir d'un rendez-vous.

Bien sincèrement.

• Je reste à votre disposition pour vous rencontrer à votre meilleure convenance afin d'étudier, avec vous, la solution la plus appropriée à vos besoins.

Veuillez recevoir, Monsieur, mes sincères salutations.

Check-list d'une lettre performante

Votre lettre de prospection rédigée, vérifiez qu'elle observe au mieux les principes du copywriting, en vous reportant à la check-list suivante.

Eléments techniques
– Présence d'une accroche à la lettre.
– Promesse de bénéfice dans l'accroche.
– Nombre de lignes par paragraphe inférieur ou égal à six.
– Post-scriptum à la lettre (énoncant un avantage pour le prospect ou invitant à passer à l'action).
– Signature imprimée (ou manuscrite) en bleu, précédée du nom et du titre du signataire.
– Phrases courtes (maximum 25 mots).
– Mentions manuscrites, soulignements (maximum 2 par page).
– Offre d'un cadeau (original et en relation avec l'offre).

Eléments de vocabulaire
– Implication du prospect (plus de « *vous* » que de « *nous* »).
– Idée force en début de lettre.
– Présence de dynamiseurs (*Pourquoi ? Mais ce n'est pas tout !*).
– Présence de catalyseurs (*gratuit, nouveau, cadeau,* etc.).
– Présence d'adjectifs et adverbes positifs (*exceptionnel, spécial, étonnant,* etc.).
– Suspens en fin de page.
– Fin de lettre poussant à l'action.

Modèles de lettres à haut rendement

Les cinq pages qui suivent vous présentent trois modèles de lettres — rédigées par deux agences de marketing direct différentes — ayant obtenu d'excellents résultats en termes de rendez-vous obtenus pour leur annonceur (ces derniers ayant, pour des raisons évidentes de confidentialité, tenu à garder le secret des chiffres). Le but de ces modèles de lettres est de vous permettre de vérifier l'emploi des différents concepts et techniques étudiés plus haut (voir p. 42).

• Première lettre • Annonceur : Renault; concepteur : agence Passion Directe.
• Deuxième lettre • Annonceur : Banque Populaire de Lorraine; concepteur : agence Bruno Meura.
• Troisième lettre • Annonceur : Crédit Mutuel; concepteur : agence Bruno Meura.

LA PROSPECTION ET LA PRISE DE RENDEZ-VOUS PAR TÉLÉPHONE

Lorsqu'en 1876, Graham Bell inventa le téléphone, il ne se doutait pas que son invention – plus que ne le fit le nez de Cléopâtre – changerait la face du monde... Aujourd'hui, la place qu'ont prise les télécommunications dans la vie des hommes et des affaires est proprement phénoménale. Il suffit, pour s'en convaincre, d'imaginer les conséquences qu'entraînerait la suppression du téléphone à l'échelle planétaire; l'économie mondiale serait immédiatement frappée de paralysie, les mécanismes des relations humaines enrayés, et la plupart des ordinateurs déboussolés !

En matière de marketing direct – et au sein de la famille des outils de prospection commerciale – le téléphone occupe une position privilégiée. Son interactivité, sa dimension humaine et ses incidences affectives en font une arme de prospection puissante et efficace... Mais à condition de posséder le professionnalisme qu'exige son usage, car la prospection téléphonique ne souffre pas l'amateurisme.

Pour cette raison, et conformément à l'esprit de cet ouvrage, quelques-uns des meilleurs professionnels du marketing téléphonique ont apporté leur contribution à ce chapitre, en particulier les sociétés Pronytel et Multilignes/Actiphone dont la collaboration a été déterminante.

RENAULT Ste I.D.E.A. Rte de Chateauroux - MONTLUCON
TEL.70.29.49.00

**VOUS ETES
FLEURISTE
A VALLON EN SULLY
NOUS POUVONS
VOUS RENDRE SERVICE !**

Cher Monsieur,

Toutes frêles, délicates, fragiles qu'elles soient, fleurs et plantes n'en sont pas moins redoutables à transporter !

Vous savez combien leur humidité par exemple, détériore les carrosseries. C'est pourquoi, à **VALLON EN SULLY**, vous voulez disposer d'un véhicule utilitaire qui résiste à la corrosion.

Découvrez les Professionnels de Renault : ce sont des véhicules adaptés aux contraintes de votre profession. Le Conseiller Commercial de notre concession, **Rte de Chateauroux - MONTLUCON**, est prêt à venir vous les présenter en voisin.

D'ici quelques jours, il vous contactera pour vous proposer de faire votre connaissance au moment qui vous conviendra le mieux.

Acceptez de le rencontrer ! Tranquillement, chez vous, vous pourrez lui parler des réelles qualités que vous attendez d'un utilitaire. En fonction de vos priorités et de vos désirs, il vous aidera à définir le véhicule qu'il vous faut.

Et ce n'est pas tout ! Pour vous aider à acheter votre nouveau véhicule, notre Conseiller vous proposera des conditions de reprise et de financement tout à fait exceptionnelles.

Parce qu'il comprend et partage chaque jour vos exigences professionnelles, il vous réservera toujours les meilleurs services.

Bien sincèrement

Philippe PHELUT

Votre Concessionnaire Renault

P.S. : Nous vous réservons un cadeau utile, pour vous remercier d'accueillir le conseiller commercial de notre concession, **Ste I.D.E.A. - Rte de Chateauroux - MONTLUCON**. Il aura le plaisir de vous le remettre lors de sa visite !

BANQUE POPULAIRE
DE LORRAINE

AVEC FRUCTI-FAMILLE, GARANTISSEZ A VOTRE FAMILLE UN CAPITAL DE 100 000 F.

Madame, Monsieur,

Quand on est responsable de l'avenir de sa famille, il y a des décisions qui s'imposent : mettre les siens financièrement à l'abri quoi qu'il arrive, est l'une de ces décisions.

Voilà pourquoi, j'ai souhaité vous parler de FRUCTI-FAMILLE,une assurance en cas de décès créée pour vous permettre de prendre facilement une précaution indispensable.

Aujourd'hui, vous mettez un point d'honneur à régler toutes les dépenses de votre foyer. Vous veillez à ce que les vôtres ne manquent de rien.

Mais si vous veniez à disparaître à la suite d'une maladie ou d'un accident, laissant vos proches brusquement sans ressources, qui prendrait le relais ? Qui pourrait assurer l'avenir de ceux que vous aimez si un jour vous n'étiez plus là pour le faire ? Vous vous êtes certainement déjà posé ces questions.

Réservé en exclusivité aux clients de la Banque Populaire, FRUCTI-FAMILLE peut garantir un capital important à votre famille, si jamais il vous arrivait quelque chose...

Un capital de 100 000 F (qui peut atteindre 300 000 F si vous le souhaitez) aidera vos proches à assumer les dépenses courantes et les frais supplémentaires liés à la disparition ou à l'invalidité du chef de famille.

Lors de votre adhésion à FRUCTI-FAMILLE, vous décidez vous-même du montant et du bénéficiaire de votre capital. Ainsi, vous êtes sûr que votre contrat FRUCTI-FAMILLE est parfaitement adapté à votre situation et à vos besoins.

.../...

SOCIÉTÉ COOPÉRATIVE DE BANQUE POPULAIRE À CAPITAL VARIABLE, LOI DES 13 MARS 1917 ET SUIVANTES
SIÈGE SOCIAL : Metz - 3, rue François de Curel - B.P.124 - 57021 METZ CEDEX 1 - Tél. 87 37 71 22 - Télex 860 377 BPL Metz - Télécopieur : 87 62 58 83
R.C Metz B 35680 1571 - CCP Nancy 427-76 Y - CCP Strasbourg 113 77 B - Code swift : BPLMFR2M

En consultant les exemples au dos de votre Bulletin Réponse, vous constaterez en plus que l'adhésion à FRUCTI-FAMILLE ne pèsera pas trop lourd dans votre budget. En effet, comparativement au capital garanti, les cotisations ne sont vraiment pas élevées !

Prenez rendez-vous au plus vite avec votre agence Banque Populaire en renvoyant votre Bulletin Réponse ou en nous téléphonant directement. Notre conseiller pourra alors vous présenter plus précisément tous les avantages que vous réserve FRUCTI-FAMILLE.

Garantir l'avenir des siens quoi qu'il arrive est le souci de chaque chef de famille. Si vous ne l'avez pas encore fait, pensez-y.

Très cordialement,

Signature

P.S. En renvoyant votre Bulletin Réponse, vous participerez en plus au grand tirage au sort gratuit. Et si vous gagnez, la Banque Populaire vous offre une semaine de sports d'hiver en famille, à Courchevel... Alors, bonne chance !

Crédit Mutuel
une banque à qui parler

25 GRANDE RUE 02400 CHATEAU THIERRY

MONSIEUR OU MADAME
BONIN JACKY
PATIS ST-MARTIN 7 RES. ST EXUPERY

02400 CHATEAU THIERRY

LE PLAN EPARGNE LOGEMENT EST CERTAINEMENT UN PLACEMENT TRÈS INTÉRESSANT QUELS QUE SOIENT VOS PROJETS MONSIEUR BONIN !

DEMANDEZ VOTRE DIAGNOSTIC EPARGNE LOGEMENT PERSONNEL ET GRATUIT !

Cher Monsieur BONIN,

Le Plan Epargne Logement du Crédit Mutuel est certainement l'un des placements les plus rentables qui existent aujourd'hui :

- un taux d'intérêt élevé et garanti : **6 % nets d'impôts** (prime comprise),
- votre capital en toute sécurité,
- et le droit à un prêt à un taux très intéressant.

C'est un placement sûr, qui vous permet en outre de bien préparer l'avenir : **construire ou acheter une résidence principale,** faire bâtir une résidence secondaire, placer pour louer, **rénover votre habitation, l'équiper d'une cuisine, d'une véranda...**

Et au Crédit Mutuel, nous vous proposons, Monsieur BONIN, de vous dire ce que vous pouvez gagner, à ouvrir un Plan Epargne Logement.

Oui, c'est vrai, au Crédit Mutuel, nous pouvons vous aider, vraiment, objectivement et très simplement. Grâce à notre diagnostic assisté par ordinateur, nous pouvons calculer en quelques minutes seulement, quel serait le Plan Epargne Logement idéal, en fonction de vos projets, de votre patrimoine et de vos possibilités.

N'hésitez pas, venez-nous voir à votre agence de Crédit Mutuel, pour

... / ...

pouvoir décider, en toute connaissance de cause, comment profiter au mieux du Plan Epargne Logement.

Je vous rappelle aussi que le Plan Epargne Logement, outre son taux d'intérêt élevé et le droit au prêt exceptionnellement avantageux, offre de nombreux autres avantages :

- la constitution de votre capital en douceur (minimum 3 600 F par an),
- la sécurité absolue de votre capital,
- l'ouverture et la gestion entièrement gratuites !
- sa disponibilité à tout moment (sous réserve d'une modification de votre contrat),
- et surtout la possibilité de transmettre, sous certaines conditions, votre Plan et le droit au prêt aux membres de votre proche famille.

Alors, pour savoir et décider si vous voulez profiter de tous ces avantages, venez vite à votre agence de Crédit Mutuel pour faire votre Diagnostic Epargne Logement.

C'est rapide et c'est GRATUIT !

A bientôt,

cordialement,

Le Directeur de votre Agence de Crédit Mutuel

PS : Les bonnes décisions n'attendent pas : rapportez très vite à votre agence la Demande de Diagnostic Epargne Logement ci-jointe, ou renvoyez-la à l'aide de l'enveloppe T. Vous pouvez aussi nous téléphoner.
Dans tous les cas, nous vous aiderons à bâtir un Plan au mieux de vos intérêts.

Crédit Mutuel

Les règles fondamentales du marketing téléphonique

Quels que soient le produit/service commercialisé et l'interlocuteur visé, la réussite d'une opération de prospection téléphonique est subordonnée au respect, par les téléacteurs, des règles fondamentales du marketing téléphonique.

Préparation et rédaction d'un guide d'entretien (scénario)

Le téléphone est un média rapide, brutal. Tout se décide en quelques secondes. C'est pourquoi les meilleures chances de réussite se préparent au moyen d'un plan d'entretien téléphonique (appelé encore guide d'entretien ou scénario) que l'on s'efforcera de rendre le plus performant possible. Dans ce domaine, le téléacteur dispose d'un avantage indéniable : avant de passer à l'action, il bénéficie d'un temps de préparation au cours duquel il choisit ses arguments et élabore une parade appropriée aux objections qu'est susceptible de lui opposer le prospect. Ce dernier, en revanche, n'a pas le temps de rassembler les éléments de sa riposte.

Cela dit, le scénario rédigé, il ne suffit pas de l'ânonner au bout du fil pour décrocher le rendez-vous souhaité. Il se trouve qu'un grand nombre d'entreprises négligent encore cette phase de préparation, rédigeant leurs scénarios à la va-vite et confiant à quelques étudiants insuffisamment formés aux subtilités du téléphone le soin de prendre les rendez-vous qui constituent le fer de lance de la vente ! En tout cas, pour le prospecté, l'amateurisme du téléacteur apparaît immédiatement, s'exprimant la plupart du temps sous la forme d'une récitation monocorde, quasi robotique. Insupportable ! L'échec du téléacteur est assuré... Et l'entreprise prospectrice de s'interroger quant au bien-fondé du démarchage téléphonique dans le développement de sa clientèle.

En fait, la préparation ne se limite pas à la simple rédaction du scénario : la maîtrise oratoire du texte qui doit lui succéder et la foi du téléacteur placées en son message sont fondamentales. Au sein des agences de marketing téléphonique, les fameux « briefing » au cours desquels les superviseurs motivent leurs collaborateurs n'ont d'autre objectif que de s'assurer de leur parfaite connaissance du texte (ce qu'ils font au moyen de jeux de rôles). Une fois le scénario maîtrisé et la conviction entrée au coeur, le téléacteur peut alors se permettre de prendre quelques libertés par rapport au guide d'entretien, afin de conférer à ses actions une dimension plus naturelle, plus proche affectivement de ceux qu'il va solliciter ! En effet, le véritable professionnel du marketing téléphonique n'est pas identifiable par son interlocuteur, ce qui donne à ses arguments un impact plus grand.

À titre d'exemple, les téléprospecteurs de Pronytel, qui décrochent chaque jour les rendez-vous des commerciaux d'IBM, de Pernod-Ricard et de bien d'autres sociétés développent véritablement ces qualités bien spécifiques. Du reste, il est aujourd'hui démontré qu'un téléopérateur formé, encadré, motivé et qui maîtrise avec aisance son guide d'entretien peut obtenir jusqu'à trois fois plus de rendez-vous utiles (susceptibles de déboucher sur une vente) que son homologue insuffisamment préparé ou qui se borne à réciter son scénario.

Gestion des communications

Le téléphone est un média propre, qui ne laisse aucune trace. Il importe donc de noter sur « fiche contact » (informatique ou papier) les caractéristiques de l'appel (date, heure, etc.) et d'y consigner toutes les informations relatives à la conversation téléphonique effectuée (date de rappel, remarques et objections du prospecté, motifs éventuels de refus...). La gestion rigoureuse des appels au moyen de comptes rendus de communication permet l'analyse régulière des opérations, et la prise éventuelle de mesures correctives en cas d'échec. En outre, elle prépare et favorise un succès ultérieur (lors d'un rappel ou d'une nouvelle opération).

Exemple

> « ...Cela ne m'intéresse pas car je viens tout juste d'épuiser mon budget dans l'achat d'un matériel X. »
>
> Le prospecteur, qui aura soigneusement noté ce renseignement, ne manquera pas, quelques mois ou années plus tard, de l'utiliser à l'appui de sa démarche :
>
> « Je sais que vous êtes équipé d'un matériel X. Or, nous venons de mettre au point un procédé qui introduit une innovation majeure intéressant les possesseurs de matériel X, et qui vous permettra d'économiser jusqu'à 20 % sur vos coûts de production. »

Le langage et la voix

Le téléphone est un média aveugle, mettant en relation des personnages qui ne peuvent se voir. Les seuls outils de suggestion du prospect, hormis les arguments eux-mêmes, sont le langage et la voix.

Le langage

L'impossibilité pour le téléacteur de recourir aux gestes ou aux démonstrations visuelles lui impose de délivrer son message oral avec une parfaite clarté et une précision absolue. Seul un scénario savamment et astucieusement rédigé peut répondre à ces exigences. C'est pourquoi la rédaction du guide d'entretien observe des règles de forme et de fond très strictes :
- emploi d'un vocabulaire appartenant au langage classique (proscrire absolument le jargon technique et le langage familier);
- préférence donnée aux phrases courtes (dynamiques);
- utilisation d'expressions imagées, affirmatives, positives;
- conjugaison au temps présent (le temps de l'action);
- implication du prospect (plus de « *vous* » que de « *nous* » dans le texte).

Par ailleurs, toutes les négations et expressions dubitatives seront écartées du scénario, au profit du plus grand nombre possible de mots positifs et d'expressions rassurantes.

• Les mots négatifs :
Problème, crainte, difficulté, danger, retard, petit, peut-être, ennui, dépense, etc.

• Les mots positifs :
Succès, gagner, bénéfice/bénéficier, efficacité, sérieux, compétence, expérience, profit, exceptionnel, tranquillité, économie, etc.

Ne dites pas	Dites plutôt
• Il n'y aura aucun problème.	• Vous pouvez être tranquille.
• Vous ne courrez aucun risque.	• Vous serez en sécurité.
• Vous ne perdrez plus d'argent.	• Vous allez gagner de l'argent.
• Il faudra prévoir une dépense de...	• Cet investissement vous permettra de...
• Excusez-moi de vous déranger, pourriez vous m'accorder une petite minute d'attention.	• Voici l'objet de mon appel.
• N'hésitez plus (expression qui suppose que le prospect hésite encore).	• Nous sommes d'accord ?

La voix

En l'absence des critères habituels d'appréciation (physique, style vestimentaire du vendeur...), l'image que se fera le prospect de son interlocuteur lui sera essentiellement suggérée par sa voix. Aussi le téléacteur apportera-t-il un soin particulier à son élocution, son timbre de voix, son débit vocal...

Il convient notamment de :
– articuler pour être audible;
– parler à un rythme normal (110 à 180 mots par minute);
– contrôler sa respiration (prévoyez des pauses dans votre texte pour reprendre votre souffle);
– sourire au téléphone : car le sourire s'entend et la bonne humeur favorise la cordialité des échanges.

Réfléchissez un instant sur ce point... N'avez-vous jamais été charmé, séduit ou impressionné, au téléphone, par la voix de votre correspondant invisible ? et déçu plus tard, en découvrant que son physique ne correspondait pas du tout à l'idée que vous vous en faisiez ?

Franchir le barrage du secrétariat

Le barrage du secrétariat constitue très souvent l'étape à franchir avant l'entretien de prise de rendez-vous avec le prospect. Car le filtrage et la gestion des appels téléphoniques destinés aux responsables de son service ou de sa société font justement partie des tâches d'une secrétaire. La secrétaire particulière, quant à elle, véritable garde-fou de l'agenda de son supérieur, représente un obstacle redoutable. Il incombe donc au téléprospecteur – par le ton qu'il adopte et la teneur de son message – de persuader son interlocutrice de lui passer son supérieur ! L'affaire n'est pas des plus minces ; certaines secrétaires, même, aguerries par des années de pratique d'un tel barrage, et donc rompues aux techniques de séduction ou d'intimidation déployées par les téléprospecteurs, ont pris la consistance de bastions inexpugnables. Cela dit, le scénario et la méthode que nous allons développer maintenant permettront d'augmenter très sensiblement le nombre de contacts utiles (appels ayant abouti auprès de l'interlocuteur que l'on désirait joindre), une fois surmonté le barrage de la secrétaire.

Exemple

Hypothèse de départ

Supposons que vous soyez Olivier Rameau de la société Epsilon et que vous cherchiez à joindre Joël Noyeux, responsable des achats de la société Sigma (dont le nom et les coordonnées vous ont été fournis par un fichier qualifié quelconque ou par le biais du scénario d'identification étudié en page 53).

– Allô !
– Bonjour madame, Olivier Rameau de la société Epsilon, pouvez-vous (**1**) me passer Joël Noyeux (**2**), s'il vous plaît (**3**) ?

Première hypothèse de réponse

– C'est à quel sujet ?
– Voilà, vous allez sûrement pouvoir m'aider (**4**). Je désire rencontrer Monsieur Noyeux pour lui présenter... *(notre nouvelle gamme de produit, notre dernière innovation en matière de...)* qui l'intéresse personnellement (**5**). Vous tenez son agenda (**6**) ?

1. « Pouvez-vous » est plus dynamique et incite davantage à l'action que « Pourriez-vous ».

2. Il est infiniment préférable d'appeler un prospect par son nom plutôt que par son titre ; toute question du type « Pouvez-vous me passer le directeur des achats » (ou autre responsable) éveillera aussitôt la méfiance de la secrétaire qui, cédant à son instinct de protection de son responsable contre le démarchage commercial non sollicité, répliquera presque toujours : « Envoyez-nous votre offre par courrier, je la transmettrai au responsable concerné ! »

3. L'intonation doit être ferme, volontaire. Il arrive souvent que le ton seul du téléacteur suffise à « ouvrir les portes ». Car la détermination qui percera dans sa voix laissera penser que son appel est de la plus haute importance.

4. Il s'agit de valoriser votre interlocutrice et de vous en faire une alliée...

5. La secrétaire doit sentir que l'appel téléphonique qui lui parvient n'est pas un appel hasardeux, mais bel et bien une communication destinée personnellement à son responsable.

6. Lorsqu'une secrétaire pose une question, la réaction naturelle consiste à y répondre simplement dans l'espoir qu'elle décidera l'interlocutrice à passer le responsable sollicité. En réalité, la meilleure réaction — que tous les téléacteurs professionnels ont adoptée — consiste à toujours reprendre l'initiative du dialogue en posant à son tour une question : « ... (réponse), pouvez-vous me passer monsieur Untel, s'il vous plaît ? »

– Oui, tout à fait.
– Parfait. Dans ces conditions, est-ce que le mardi 14 à 10 heures vous convient ou préférez-vous le jeudi 16 dans l'après-midi (**7**) ?

– Non, je ne tiens pas son agenda.
– Ah ! Dans ces conditions, pouvez-vous me mettre en relation avec lui, s'il vous plaît ? Merci (**8**) !

Deuxième hypothèse de réponse

– C'est personnel ou professionnel ?
– C'est professionnel, mais je désire lui parler personnellement. Joël Noyeux est-il là ?

Troisième hypothèse de réponse

– Monsieur Noyeux n'est pas là (ou, en réunion, je ne peux pas le déranger).
– Quand me conseillez-vous de le rappeler (**9**) ?

7. C'est la fameuse technique de la « fausse alternative » qui consiste à soumettre deux possibilités à son interlocuteur, étant entendu que le choix du prospecté, quel qu'il soit, conviendra forcément au télévendeur. La pratique la plus parfaite de la fausse alternative consiste à faire porter le choix sur une heure fixe d'une part, et une demi-journée d'autre part : « Préférez-vous mardi à 11 heures ou jeudi dans l'après-midi ? »

8. Le « merci » est très important ; c'est une façon de congédier poliment son interlocutrice, en la remerciant par avance, comme s'il ne faisait aucun doute qu'elle ne passe son responsable. Cette astuce, on en conviendra, présente quelques analogies avec la vente à l'arraché. Suivant la sensibilité qui est la sienne, chaque téléacteur mettra en œuvre ce procédé, que d'aucuns pourraient qualifier de vente agressive, ou au contraire s'en abstiendra. Cependant, il faut bien avouer que certaines secrétaires opposent un tel rempart qu'il ne peut-être emporté que de haute lutte ! La combativité commerciale est donc parfois le seul moyen de parvenir à se faire entendre du responsable.

9. Demander conseil, répétons-le, permet de valoriser son interlocutrice. Sachant qu'au moment du rappel, il sera de bonne guerre de lui rappeler son conseil : « ... Olivier Rameau, de la société Epsilon... Lors de mon précédent appel, vous m'avez conseillé de rappeler aujourd'hui... Pouvez-vous me mettre en relation avec Joël Noyeux, s'il vous plaît ? Merci ! »

Trucs et ficelles de téléacteurs

Au risque de lasser, il est bon de redire ici que la réceptivité d'un prospect à un message commercial parlé ou écrit, sera bien supérieure si celui-ci est personnalisé. En outre, il convient de garder en mémoire que le fait de demander à une secrétaire de nous mettre en relation avec le directeur des achats déclenche invariablement, chez elle, le réflexe pavlovien « C'est à quel sujet ? »

Il peut donc s'avérer utile, lorsque l'on ne dispose pas d'un fichier nominatif qualifié, de procéder en deux temps :
– premier temps : appel d'identification du prospect (constitution du fichier nominatif) ;
– deuxième temps : prise de rendez-vous au moyen d'un scénario personnalisé (ou mailing personnalisé).

Malheureusement, la constitution d'un fichier renseigné n'est pas toujours chose aisée... Les secrétaires ne livrent pas volontiers le nom des responsables qu'elles couvrent : « Écrivez à l'attention du directeur (commercial, marketing...), on lui transmettra » ou : « nous ne communiquons jamais de noms par téléphone. Faites votre offre par courrier à la société et si cela nous intéresse on vous répondra ». Tels sont les « grands classiques » des réponses que reçoivent tous les téléprospecteurs et qui débouchent, le plus souvent, sur une fin de non-recevoir.

Pour circonvenir la résistance des plus intransigeants des secrétariats, certains vendeurs ont mis au point un guide d'entretien permettant d'obtenir malgré tout les noms et prénoms des prospects qui les intéressent.

Nota

Ma décision de livrer cette « ficelle » — recueillie auprès d'un vendeur d'élite qui a préféré conserver l'anonymat — que je considère, pour ma part, comme étant à la limite du respect déontologique, est essentiellement motivée par le fait que la prospection téléphonique continue de rebuter un certain nombre de commerciaux. Interrogés sur la raison de leur réticence, presque tous incriminent cette obstruction systématique pratiquée par les secrétariats... Quel dommage de se priver d'un outil de prospection aussi performant que le téléphone ! Cela dit, il est vrai que lorsqu'on a choisi de pratiquer la prospection téléphonique, il faut savoir faire momentanément abstraction de son amour-propre, tant il est vrai que l'échec fait, dans des proportions non négligeables, partie du jeu... Il n'empêche que les téléacteurs professionnels affichent, tous secteurs confondus et en moyenne, des taux de réussite (nombre de rendez-vous obtenus par nombre d'appels argumentés) avoisinant les 15 % ! Ce résultat, compte tenu des aléas évoqués plus haut, n'est-il pas impressionnant ?

Le scénario présenté maintenant n'a aucune prétention à l'universalité. Le lecteur avisé y apportera toutes les adaptations et modifications qu'il désirera (ou réfléchira à un scénario à construire lui-même), ce qui lui permettra d'imprimer à sa démarche un cachet personnel.

• *Scénario d'identification :*
— Allô ? Bonjour Madame, je suis Marc Dubois (**1**), de l'agence Entreprise & Finance (**2**). Voilà, vous allez sûrement pouvoir m'aider (**3**). Je suis chargé d'envoyer une invitation personnalisée à votre responsable financier dans le cadre d'une conférence qui se tiendra à l'hôtel Royal Georges. Pouvez-vous, s'il vous plaît, m'épeler son nom, son prénom et sa fonction exacte ?

1. Dans le cas du scénario d'identification, il est conseillé d'adopter un pseudonyme. De cette manière, en cas d'échec (très rare), vous garderez intacte l'image de votre société, ainsi que la possibilité de rappeler sous votre nom véritable.

2. S'inventer une raison sociale qui inspire confiance. Exemple : Société France Conférences, société Business et Marketing, Cabinet Jackson et Associés...

3. Mise en valeur de l'interlocutrice.

• *Hypothèse de réponse :*
— Écrivez à l'attention du directeur financier, on lui transmettra...
— Je comprends très bien. Seulement voilà, j'ai l'obligation de n'envoyer que des invitations personnelles, et par ailleurs, je suis chargé de préparer tous les badges. Pouvez-vous m'épeler son nom, s'il vous plaît (**4**) ?

4. Ne pas oublier de reprendre l'initiative et de toujours achever votre prise de contact par une interrogation appelant la réponse attendue.

Une autre astuce, particulièrement efficace, consiste à demander à la secrétaire les noms d'un ou plusieurs responsables de l'entreprise en prétextant la mise à jour d'un annuaire professionnel.

Exemple

> L'annuaire de la finance pour les responsable financiers, l'annuaire « Business Marketing » qui recense tous les responsables de la fonction marketing/communication, etc.
> Le lecteur hésitant à l'idée de recourir à de tels procédés se déculpabilisera en considérant qu'il ne commet aucun forfait, puisqu'il s'agit de la mise à jour effective d'un annuaire professionnel... il est vrai, strictement réservé à l'entreprise du téléacteur !

Pour décrocher le rendez-vous

C'est fait, on vous passe Monsieur Noyeux. Reste maintenant à le convaincre de vous accorder un rendez-vous ! À cet instant, vous devez garder présent à l'esprit que votre mission se limite à la vente du rendez-vous, et du rendez-vous seulement. De grâce, ne succombez pas au chant des sirènes qui vous incite à développer au téléphone votre argumentaire de vente. En effet, vos principaux arguments dévoilés, le rendez-vous n'aurait plus lieu d'être ! Contentez-vous simplement d'éveiller la curiosité du prospect, de lui donner envie d'en savoir plus, et de le contraindre ainsi à vous recevoir. Une vente de produits/services (excepté celle de produits à faible valeur ajoutée) ne se traite pas au téléphone. Aucune voix, si enjôleuse soit-elle, ne peut se substituer à la présentation du produit lui-même ni remplacer votre présence physique, le poids que prennent vos arguments lorsque votre personne toute entière participe à votre stratégie de la vente. Aussi, ne l'oubliez jamais, au téléphone, ne vendez que le rendez-vous !

Autre conseil : lorsqu'un interlocuteur ne laisse présager en rien un futur client, il est inutile de lui « arracher » le rendez-vous. Compte tenu des coûts de représentation commerciale, les rendez-vous « aller/retour bredouille » n'aboutissent à rien d'autre qu'à augmenter les charges de l'entreprise prospectrice. Dangereux !

En matière de prise de rendez-vous, le téléacteur s'attachera à rechercher la qualité de ses contacts plutôt que leur quantité. Que l'on pardonne ce truisme, mais il vaut mieux obtenir un rendez-vous qualifié (susceptible d'aboutir à la vente) plutôt que dix rendez-vous dont l'échec final ne fait aucun doute. Par conséquent, il vaudra mieux éviter d'asseoir la rémunération des téléacteurs (lorsque ceux-ci sont externes à l'entreprise) sur le nombre de rendez-vous obtenus ! Une formule de fixe plus commission répondra mieux à la nature de ce travail.

• *Scénario de prise de rendez-vous :*

— Allô !

— Monsieur Noyeux (**1**) ?

— Lui-même !

— Bonjour, Monsieur Noyeux (**2**).

— Bonjour...

— Mon nom est Olivier Rameau, de la société Epsilon. Avant de vous présenter l'objet de mon appel, permettez-moi de vous demander si... (**3**)

Réponse du prospect

— Monsieur Noyeux, nous réalisons actuellement une campagne d'information sur les... (**4**). Et de manière à vous les présenter plus en détail, je désire vous rencontrer. Est-ce que le vendredi 24 à 14 heures vous convient, ou bien préférez-vous le mercredi 29 dans l'après-midi (**5**) ?

• *Traitement des objections types :*

— Envoyez-moi une documentation.

— Monsieur Noyeux, je vous remettrai une documentation avec plaisir à la fin de notre rencontre, car celle-ci est complémentaire à ma visite. Mais vous savez bien qu'une documentation ne développe pas toujours les points qui vous intéressent. Dans ces conditions, pouvons-nous dire vendredi 24 à 14 heures ou mercredi 29 dans l'après-midi ?

— Je suis désolé, je n'ai pas le temps de vous recevoir.

— Je comprends parfaitement monsieur Noyeux. Cela dit, je

1. Vérification de l'identité du prospect. Il arrive souvent que le prospect partage son bureau ou travaille sur un plateau paysagé. En son absence, c'est un collègue qui décroche. Aussi est-il conseillé de s'assurer de l'identité du prospect avant d'entamer son argumentation.

2. Observer une pause et attendre que l'interlocuteur salue à son tour.

3. Cette étape est facultative. L'observeront surtout ceux qui ont à vérifier ou à découvrir un certain nombre d'informations avant d'entrer dans le vif du sujet.

4. C'est la justification de votre appel, l'étape la plus importante de l'entretien téléphonique, celle qui conditionne en majeure partie la décision finale du prospect (vous recevoir ou non). Le message à faire passer doit donc être clair, bref et motivant. Une fois de plus, on pourra faire appel à la méthode SACOL (*Cf.* page 95) pour préparer une ou deux phrases accrocheuses.

Exemple (le prospect est un acheteur de produits/services informatiques) :

— « ... Nous réalisons une opération d'information sur notre nouvelle gamme de cartes de compression de données. Ces cartes vont vous permettre de diviser par cinq le temps de transmission de vos données sur réseau. Par conséquent, vous pourrez diviser par cinq le montant de votre facture de télécommunications, tout en optimisant les ressources de votre système. C'est pour vous en parler plus en détail que je désire vous rencontrer. »

5. La première tentative de conclusion – sous la forme d'une fausse alternative – doit intervenir aussitôt après la justification de l'appel, de sorte que l'interlocuteur, pris de vitesse, n'ait pas le temps de réagir.

vous garantis que **12** minutes me suffiront (**6**) pour vous faire ma présentation. Préférez-vous le... ou le.... ?

— Ecoutez, je vous assure, je suis vraiment débordé.
— Très bien. Dans ces conditions, je vous propose un rendez-vous de principe pour dans trois semaines. Rendez-vous que je vous reconfirmerai 48 heures auparavant. Préférez-vous la semaine du 7 au 14 juin où celle du 21 au 28 ? Le vendredi 27 vers 17 heures ? Très bien !

— J'ai déjà un fournisseur, un agent, un conseil...
— Monsieur Noyeux, je pense bien que vous n'avez pas attendu mon appel pour vous... (équiper en mobilier de bureau, assurer sur la vie, etc.). En fait, si je désire vous rencontrer, c'est parce que notre (produit, système, service) vous permet de... (**7**).
Serez-vous à votre bureau le... ou le .... ?

— Les affaires vont mal (**8**) (nous n'avons plus d'argent, nos budgets sont épuisés, etc.).
— Vous savez, monsieur Noyeux, dans un premier temps, je ne désire vous rencontrer que pour vous informer. Quand préférez-vous me recevoir ?
Le... ou le ... ?

— Pouvez-vous m'en dire davantage ?

6. Tout le monde sait, par expérience, que : « Ça prendra dix minutes » signifie que la démonstration durera plutôt une demi-heure, voire une heure. Douze minutes, c'est précis. Et la précision rassurera votre interlocuteur. Sachez, de toute façon, que le jour venu du rendez-vous, nul n'interrompra votre exposé, la treizième minute entamée.

7. Mettre en avant l'avantage principal de l'offre.

8. Ne désarmez pas ! Un certain nombre de prospects, parce qu'ils sont trop souvent sollicités, invoquent automatiquement cette raison pour décourager les vendeurs... Ce n'est qu'une fois en rendez-vous, qu'il vous sera possible de jauger la situation du prospect. Et qui plus est, même s'il ne dispose pas de fonds lui permettant d'investir dans l'immédiat, vous l'aurez quand même informé, et pourrez donc le solliciter plus tard... une fois son nouveau budget voté ou sa trésorerie restaurée.

— Avec plaisir monsieur Noyeux, mais par téléphone, je ne pourrais vous communiquer que des informations générales (éventuellement, si le produit s'y prête, ajouter : c'est un produit qui se voit, ou : il faut que je vous commente le catalogue, etc.). C'est pourquoi il est préférable de nous rencontrer. Est-ce que le... vous irait, ou je vous propose le... ?

— J'ai déjà un ami (professionnel, fournisseur) qui me conseille.
— Je comprends très bien monsieur Noyeux. Mais peut-être ne pratique-t-il pas (tel avantage). Pouvez-vous me recevoir le... ou le... ?

— Ça ne m'intéresse pas.
— Ah ! Puis-je vous demander pour quelle raison (**9**) ?

— Ce n'est pas moi qui m'occupe de cela.
— Ah ! Alors pouvez-vous m'indiquer le nom de la personne à contacter, s'il vous plaît ?

9. Il s'agit de renvoyer l'interlocuteur sur une autre objection que l'on pourra traiter plus facilement. Exemple : « *Eh bien, ça ne m'intéresse pas, parce que j'ai déjà un fournisseur!* »

Modèle de scénario à haut rendement

Voici le script d'une opération de prise de rendez-vous réalisée par la société Multilignes/Actiphone pour le compte d'une compagnie d'assurance.

Nota

L'annonceur ayant préféré ne pas figurer sous son nom véritable, nous lui attribuerons le pseudonyme de CAF, Compagnie d'Assurance Française, et ceci afin de faciliter la lecture du scénario.

ARGUMENTAINE CAF - PROSPECTION ENTREPRISES

Allô, bonjour ! Pouvez-vous me passer le directeur s'il vous plaît ?
Vous pouvez m'épelez son nom s'il vous plaît ?

• **C'est de la part de qui ?**	Je suis Gaëlle Estève, l'assistante de Monsieur/Madame (Nom de l'agent d'assurance), conseiller en entreprise.
• **C'est à quel sujet ?**	J'ai juste quelques mots à lui dire sur la gestion sociale de votre entreprise.
• **Il/Elle est absent(e)**	D'accord, pouvez-vous me dire à quel moment je peux le (la) joindre ?

INTERLOCUTEUR

Bonjour Monsieur/Madame... Je suis Gaëlle Estève, l'assistante de Monsieur/Madame (nom de l'Agent), conseiller en entreprise.
La CAF, Compagnie d'Assurance Française, a développé une véritable expertise en matière d'assurance en entreprise tout particulièrement en assurances de personnes : prévoyance, retraite, épargne salariale, etc.
Vous détenez certainement des contrats d'assurances dans ce domaine et si je vous appelle aujourd'hui, Monsieur/Madame, c'est pour vous proposer de réaliser **gracieusement** un audit de la situation de votre entreprise.
Vous savez, avec un rendez-vous d'environ une demi-heure, on peut déjà faire un *check-up* !
Quel moment vous convient le mieux pour le (la) recevoir, sachant que notre Agent se trouve à proximité de votre Entreprise (citer le lieu).
Prenons nos agendas ! J'ai celui de Monsieur/Madame... sous les yeux. Que préférez-vous, le... à... heure ? Ou le... dans l'après-midi ?

Si rendez-vous OK	Le noter en fonction du planning de l'agent et valider les coordonnées du rendez-vous (adresse + nom + fonction).
Si hésitant	Traiter les objections.
• **Cela ne m'intéresse pas : j'ai tout ce qu'il me faut !**	Aujourd'hui, il s'agit simplement de vous informer sur la gestion des richesses humaines de votre entreprise ainsi que les avantages fiscaux et sociaux qui en découlent. Ça vous permettra ensuite de comparer les différents éléments et éventuellement de faire un choix différent !
Je n'ai pas le temps.	Dans des agendas chargés comme le vôtre, on n'arrive plus à prendre le temps de mettre les choses à jour et pourtant c'est une opportunité qui, peut-être, tombe très bien ! (sourire). Monsieur/Madame... vous apportera une information concrète et précise.

Si l'interlocuteur souhaite qu'on le rappelle en septembre	Oui, je vous comprends tout à fait. Simplement, vous savez comme moi que ce mois de septembre est une période très chargée, l'idéal est de rencontrer Madame/Monsieur... aujourd'hui, aussi vous aurez tous les éléments **en main** pour la rentrée ! Que préférez-vous, le... à... heure ou le... dans l'après-midi à votre meilleure convenance ?
C'est le comptable qui s'en charge, il faut que je lui parle.	Bien sûr, dans ce cas nous pouvons convenir d'un rendez-vous où votre comptable sera présent. Vous gagnerez du temps tous les deux. Quel jour vous conviendrait pour recevoir Madame/Monsieur... ?
Les assurances sont toutes les mêmes, je n'ai pas besoin de vous rencontrer	Notre métier est très différent de ce qu'il a pu être, il y a encore quelques années, où il consistait seulement à vendre des produits d'assurances ! Les risques aussi ont changé de nature... Aujourd'hui, Monsieur/Madame... se propose d'étudier avec vous votre situation. Sa démarche est avant tout, je vous le rappelle, axée sur un conseil efficace en gestion optimale des biens et des personnes dans votre entreprise. Dans ces conditions, pouvons-nous dire le... à... heure ? Ou bien le... dans la matinée ?
Tout le monde propose un audit	La législation a beaucoup changé ces derniers temps. De plus, la gestion évolue rapidement, surtout en matière de retraite et de prévoyance. C'est pour réaliser une **mise à plat** de votre situation que Monsieur/Madame... souhaite vous rencontrer. Nous fidélisons nos clients aujourd'hui, non plus en leur faisant dépenser de l'argent, mais en leur faisant réaliser des économies. C'est pourquoi nous vous proposons de réaliser à titre gracieux un audit personnalisé. Vous êtes disponible la semaine prochaine ?
Envoyez-moi une documentation	Je vous propose le contraire, c'est-à-dire de parler de vous et non pas de nous ! Je sais que c'est rare. Notre démarche aujourd'hui est tout à fait différente puisqu'elle consiste à vous apporter, par un regard extérieur, une étude sur votre situation actuelle. C'est pour vous en parler plus en détail que Madame/Monsieur... souhaite vous rencontrer. J'ai son agenda sous les yeux. A quel moment préférez-vous le rencontrer ?
Impératif de Groupe	Vous voulez dire que le choix de la Compagnie d'assurance se fait au niveau de la holding (ou du siège) ? [*Savoir où est le décideur (dans quelle société du Groupe), noter ses coordonnées et le rappeler.*]

CHAPITRE 2

L'ENTRETIEN DE VENTE

Nous y voilà ! Les techniques du chapitre 1 vous ont permis d'obtenir le rendez-vous tant espéré. Il s'agit à présent de passer à l'action : vendre son produit au prospect. Mais auparavant, il m'apparaît utile d'émettre quelques réflexions préliminaires.

À plusieurs reprises, vous allez penser (notamment pour la préparation de l'entretien) que ce qui est exposé ci-après est d'une évidence biblique. En effet, tout le monde sait bien qu'on ne se présente pas à un rendez-vous chaussé comme si l'on partait en randonnée, pour ne prendre que cet exemple... Cependant, je ne peux pas faire l'économie de certains « lieux communs » tant il est fréquent de voir des vendeurs expérimentés commettre des erreurs de débutant.

La technique que vous allez maintenant découvrir est très simple à comprendre, mais elle exige un certain travail de votre part. Si vous suivez les directives que nous proposons, les résultats que vous enregistrerez vous feront vite oublier la sueur versée. Au terme de cette introduction, et pour étayer mon dernier propos, je voudrais évoquer le plus célèbre des proverbes de la vente : « La vente, c'est 10 % d'inspiration et 90 % de transpiration ».

PRÉPARATION DE L'ENTRETIEN

La préparation confère, au vendeur qui y consacre le temps nécessaire, plusieurs avantages indéniables pour l'entretien de vente à venir.

Avant d'aborder la préparation proprement dite, matérielle et non matérielle, voyons pour quelles raisons elle s'avère indispensable.

Pourquoi une préparation ?

Préparation et professionnalisme

Bien souvent, le vendeur constitue le seul repère du prospect pour se faire une opinion sur l'entreprise qui le sollicite. Un vendeur aux vêtements mal assortis, énonçant des arguments nébuleux ou inadaptés aux besoins du prospect dans un langage alambiqué, jettera fatalement la suspicion sur la qualité de ses produits ou le sérieux de son entreprise.

En revanche, une présentation irréprochable, un discours clair et motivant, une attitude positive et confiante seront autant de critères qui forgeront, insensiblement, une image rassurante et positive du vendeur et de l'entreprise qu'il représente.

La vente est une somme de « petits riens » : une carte de visite oubliée, une chemise froissée ou tachée, un argument imprécis ou ambigu peuvent suffire à discréditer un vendeur. Malheureusement, celui-ci n'en prend que rarement conscience, et ses erreurs se perpétuent. Car aucun prospect n'osera expliquer au vendeur qu'il n'achète pas son produit parce qu'il le trouve mal vêtu ou hésitant dans son propos et ne lui inspire aucune confiance. Pour écarter un vendeur sans l'offusquer, il est tellement plus facile de prétexter un prix trop élevé ou l'absence de besoin... Quant au vendeur, il ne tirera qu'un mauvais enseignement de son échec et imputera sa mévente à l'inadéquation au marché de la politique tarifaire de sa maison, ou à la conjoncture défavorable du secteur qui l'emploie.

Le professionnalisme et la préparation constituent les deux faces d'une même pièce. Et quel plaisir que d'avoir affaire au professionnalisme : le fait de se savoir entre les mains d'un chirurgien compétent ne procure-t-il pas un immense soulagement ? Et qui d'entre nous ne s'est pas réjoui à l'avance d'aller goûter les spécialités d'une grande toque régionale ? Vous me voyez venir : mais oui, rencontrer un vendeur qui maîtrise son métier est un plaisir également, et les acheteurs professionnels ne s'y trompent pas.

Préparation et liberté d'esprit

Le vendeur préparé, c'est-à-dire correctement vêtu, muni de tout ce que l'entretien de vente nécessite : carte de visite, carnet de commande, échantillons,... maîtrisant ses arguments et sachant répondre aux éventuelles objections, etc. peut, l'esprit libéré de tout souci, consacrer toute son attention à son prospect : l'écouter, le comprendre, analyser ses besoins.

À l'inverse, le vendeur qui a négligé la phase préparatoire accomplira une piètre prestation lorsqu'au cours de l'entretien de vente, il lui faudra :
— chercher ses mots pour exprimer ses idées ;
— meubler les vides par des « Euh..... » peu convaincants ;
— revenir sans cesse sur ses explications, sur sa démonstration ;
— réfléchir aux réponses à fournir en cas d'objection ;
— s'excuser de ne pouvoir livrer qu'une information incomplète pour cause de méconnaissance du produit ;
— fouiller longuement dans sa sacoche pour retrouver ses tarifs, sa carte de visite ou la plaquette de sa société restée au bureau.

Car l'attention du vendeur, bien loin de se concentrer sur son interlocuteur, s'éparpillera dans la gestion « logistique » de l'entretien de vente. Quel gâchis !

Préparer, c'est jouer avec un coup d'avance

En ayant soin d'élaborer sa stratégie, « d'affûter » ses arguments, d'anticiper les réponses aux objections, le vendeur dispose d'un avantage majeur : celui du choix des armes. En effet, les prospects qui préparent leur entrevue avec les commerciaux sont assez rares. C'est pourquoi la phase préparatoire constitue une chance pour le vendeur qui joue ainsi avec un coup d'avance.

Préparation matérielle

Contrairement aux manuels de vente, nous ne nous attarderons pas longuement sur ce sujet. En effet, soigner sa présentation, préparer et classer ses documents commerciaux, ne pas oublier d'emporter son carnet de commande, ses contrats-types, les tarifs en vigueur, etc., ne relève pas de la technique de vente mais bien plutôt du bon sens. Néanmoins, il n'est pas inutile de s'attarder quelque peu sur la tenue vestimentaire. On ne manque pas de citer le valeureux Bill

Gates (fondateur de la société Microsoft et milliardaire à 25 ans) à chaque fois que l'on prétend qu'un excellent vendeur peut très bien ne jamais porter autre chose qu'un jeans délavé. Pour ma part, j'apprécie davantage le « jeans-polo » que le « costard-cravate », mais je me garde bien de me rendre à un rendez-vous habillé en tenue trop décontractée. Pourquoi ? Parce que le commercial est un solliciteur et que le client lui saura gré du respect qu'il lui manifeste ainsi. Bien se vêtir ne froissera jamais personne; s'habiller décontracté, en revanche, revient à prendre un risque et il se trouvera toujours quelque acheteur pour ne pas vous le pardonner.

Certes, la couleur de la cravate ne conditionne pas la réussite commerciale. Un vendeur mal « fagoté » sera à même d'enregistrer de très belles ventes, s'il possède les qualités primordiales du vendeur. Le fond importe plus que la forme. Il n'en demeure pas moins qu'un vendeur diminue ses chances en s'habillant mal. Voyez les vendeurs des meilleures écoles de vente du monde, Rank Xerox, Procter & Gamble, IBM : le costume-cravate est une obligation incontournable, et croyez-le, ce n'est pas par conformisme. D'autre part, rappelons-nous que le vendeur se situe à l'intersection précise du prospect/client et de l'entreprise. L'image qu'il véhicule est celle que perçoit le prospect, et ce dernier l'associe automatiquement à l'entreprise qui propose ses services. Le vendeur mal habillé communiquera l'image d'une entreprise désuète et mal organisée.

Les représentants de l'époque héroïque étaient surnommés des ambassadeurs, terme très significatif. Ils visitaient leur clientèle en redingote, chapeau haut-de-forme et large cravate blanche. Cela ne manquait pas d'allure !

Ainsi, les éléments matériels de la préparation doivent être considérés avec un souci de perfection. C'est pourquoi je vous propose d'en dresser maintenant une liste. En pointer les différents articles avant de se rendre en clientèle permettra d'éviter bien des désagréments. Bien entendu, cette liste n'est pas exhaustive; chacun pourra la modifier ou l'enrichir en fonction de son secteur d'activité.

Check-list des éléments de la préparation matérielle

— Un porte-documents;
— Un cahier (pour prendre des notes... et les retrouver);
— Des stylos, un crayon, une gomme;

— La documentation publicitaire et technique (plaquettes, brochures, livrets, etc.);
— Une machine à calculer;
— Les échantillons en bon état;
— Les bons de commandes, contrats types;
— Des cartes de visite;
— Des vêtements propres;
— L'argumentaire de vente (pour révision éventuelle en voiture, en salle d'attente ou à l'hôtel);
— La liste de découverte (cf. section suivante);
— Le catalogue de vos produits et/ou services;
— Les tarifs actualisés;
— Un agenda;
— Un plan de la région (pour ne pas tourner en rond dans une zone industrielle)
— Le dossier prospect/client (fiche client, proposition commerciale en cours, facturation passée et règlements en cours, etc.);
— Les fiches de rapports d'activité;
— Des *goodies* à offrir (*pin's*, stylos, *magnets*, « Post-it », blocs papiers, etc., aux couleurs de votre entreprise);
— Un parapluie, des mouchoirs en papier et des pastilles pour l'haleine.

Préparation non matérielle

La préparation non matérielle conditionne pour l'essentiel la réussite ou l'échec du vendeur; elle se présente sous trois aspects fondamentaux et interdépendants.

Préparation mentale ou les vertus de la motivation et de l'enthousiasme

Il est sans doute arrivé à chacun de nous de subir, dans une salle de conférence, le discours soporifique d'un orateur auquel manquait l'étincelle qui tient l'auditeur en haleine. Vous souvenez-vous des pensées qui vous sont alors venues à l'esprit ?

« Quand donc va t-il cesser ? Quel ennui ! Pourquoi diable suis-je ici ? Comment me soustraire à cette punition ! »

À l'inverse, un autre orateur, vivant son exposé avec passion, vous a peut-être captivé un jour avec un sujet pourtant peu attrayant.

C'est que l'enthousiasme est une qualité contagieuse.

À l'instar du conférencier languissant, le vendeur qui n'est animé d'aucune foi, d'aucun enthousiasme n'est guère, pour reprendre le mot de Jean Saint-Mleux, « qu'un chasseur tirant à blanc, un général faisant campagne sans patriotisme, un savant poursuivant ses recherches sans espoir ».

En délivrant son message sans y croire, le vendeur se retire toute chance d'emporter l'adhésion de son prospect. Tout se passe comme si, convaincu de représenter un produit trop cher ou de qualité insuffisante, le vendeur transmettait le doute qui le tourmente à l'esprit du prospect pour finalement... perdre la vente.

Un vendeur qui se considère comme un importun doit changer de produit — de métier ? — aussi longtemps qu'il n'acquerra pas, à ses propres yeux, le statut de bienfaiteur de sa clientèle !

Vendre, c'est allumer un feu ! Et pour allumer un feu, cela va sans dire, il faut avoir la flamme. CQFD.

Connaissance du couple produit/marché

S'il faut être convaincu pour convaincre, il ne suffit pas de vouloir être convaincu pour le devenir. Mais alors, comment donc trouver la foi en ses produits, en son entreprise ?

En accomplissant un véritable travail de recherche et de formation ; car la foi et l'enthousiasme se nourrissent essentiellement du même aliment, tout à fait rationnel : la connaissance du produit et du marché dans lequel il s'inscrit. « On ne vend bien que ce que l'on connaît bien » dit la sagesse commerciale. Les statistiques confirment d'ailleurs cet adage : dans un secteur d'activité technologique, par exemple, les ingénieurs ayant reçu une formation commerciale de base vendent, en règle générale, davantage que leurs collègues commerciaux qui ne possèdent qu'un vernis technique. Ainsi, en réunissant toute l'information nécessaire à sa mise au courant en profondeur (et qui est souvent disponible auprès du service marketing), le vendeur pourra se convaincre de la supériorité de ses produits et services par rapport à ceux de la concurrence. Car tous les produits du marché ont leur force et leur faiblesse... Il appartient donc au vendeur en quête de motivation de concentrer sa réflexion sur les points forts de ses propres produits (sans toutefois se dissimuler les quelques reproches qui peuvent leur être faits, afin de préparer une justification *ad hoc*) et sur les défauts de cuirasse des produits concurrents.

S'étant pénétré de cette vérité quelque peu subjective, le vendeur sentira s'ouvrir en lui les portes de l'enthousiasme et de la motivation.

Connaissance des techniques et des stratégies de la vente

Loin de ne représenter qu'un gadget dans l'arsenal du vendeur, la connaissance des techniques de vente facilite grandement sa mission. Osons, à l'appui de notre démonstration, un parallèle original : viendrait-il à l'idée d'un général d'engager une bataille sans élaborer de stratégie, sans connaître le maniement ni les effets des armes à sa disposition, et sans envisager les ripostes probables de son opposant ? Non, bien entendu !

À l'instar du chef militaire, le vendeur devra connaître toutes les ressources de ses armes (ses produits, ses services), en maîtriser le maniement, mettre au point une stratégie offensive, évaluer de quelles armes dispose la partie adverse qui a pour nom en l'occurrence la clientèle, en veillant à discerner les leurres éventuels (faux budgets, menaces de recours à la concurrence, etc.) pour préparer éventuellement une position de repli suivie d'une stratégie défensive...

Cette aptitude, le vendeur l'acquerra par l'entremise de la technique de vente. Par exemple :
— les techniques de découverte des besoins se chargent, en véritable Service de Renseignement, de recueillir l'information permettant au vendeur d'élaborer sa stratégie d'attaque ;
— les techniques d'argumentation ont, quant à elles, pour vocation de transformer un produit inoffensif — dont le prospect n'éprouve, *a priori*, aucun besoin — en une arme qui saura faire mouche dans l'esprit du prospect ;
— les techniques de négociation et de réfutation des objections constituent pour leur part des positions de repli et les stratégies défensives.

Nous arrêtons ici le parallèle militaire. Il pourrait nous être reproché de considérer la relation commerciale d'un point de vue « polémologique », d'où le vendeur devrait sortir vainqueur et le prospect, vaincu. Il n'en est rien, bien sûr ; et chacun sait qu'il n'est pas de relations commerciales durables qui ne satisfassent que l'une des deux parties.

OUVERTURE D'ENTRETIEN

Nous voilà rendu dans les locaux du prospect. Quelle attitude adopter lors des premiers échanges ? Comment se présenter et bien débuter l'entretien ?

Les trente premières secondes d'une visite commerciale sont capitales. Non seulement elles conditionnent largement la suite des opérations, mais elles déterminent quasi définitivement l'opinion qu'on se fera de vous et par conséquent de votre entreprise... C'est dire avec quelle maîtrise il vous faudra mettre à profit ce court instant afin qu'il joue à votre avantage.

Il s'agit, dans cette première phase de la vente, de rassurer votre interlocuteur quant au bien-fondé de votre visite, et il existe pour cela une technique subtile qu'il convient d'appliquer.

Ce n'est une découverte pour personne, les marchés sont aujourd'hui très concurrentiels et personne n'imagine qu'il suffit de se présenter chez le client en arborant un sourire engageant pour emporter la commande.

Prendre rendez-vous et vous faire accepter vous fera « mouiller la chemise » car il est évident qu'un acheteur qui reçoit plusieurs sollicitations par jour ne peut toutes les accepter. Dernièrement, par exemple, le responsable des « achats bureautique » d'une importante entreprise suédoise m'avouait recevoir chaque jour deux kilos de mailings et de documentations commerciales sur son bureau. Vous voilà bien prévenu, partir chaque matin la « fleur au bout du stylo », sans préparation, en vous reposant sur d'hypothétiques talents d'improvisation, c'est aller au « casse-pipe ».

Pour vous faire agréer et respecter par le prospect dès le début, il convient de donner un caractère sérieux à votre démarche (sans aller jusqu'à affecter l'air grave du juge annonçant la sentence). À l'inverse, le commercial doit se rappeler qu'il n'est pas un quémandeur soumis au bon vouloir d'un prospect qui, dans sa grande générosité, distribuerait sa commande à quiconque lui cirera bien les souliers.

Pas question, par exemple, d'accepter un rendez-vous entre deux portes ; de même, si vous sentez votre interlocuteur préoccupé par autre chose et visiblement inattentif, refusez fermement de continuer votre exposé. Vous n'avez aucune chance de parvenir à vos fins. Nul n'a jamais vu de contrat se signer à la verticale, sur une porte.

En voici une illustration.

> *L'acheteur :* « Ah, Monsieur Dubois, je suis désolé, mais j'ai une réunion urgente de dernière minute, je ne peux pas vous recevoir. Cela dit, pour que vous ne soyez pas venu pour rien, expliquez-moi en deux mots de quoi il s'agit. »
> *Le vendeur :* « Je voulais simplement vous présenter notre nouveau distributeur automatique de boissons ».
> *L'acheteur :* « Oui, je vois, malheureusement nous avons déjà une machine qui fait un excellent café. Cela ne va pas nous intéresser. Vraiment désolé. Bon je vous laisse, je suis attendu. Au revoir ! ».

Et voilà une vente qui se solde par un échec, alors qu'une autre issue — favorable celle-là — aurait été envisageable si le vendeur avait su refuser ce rendez-vous de couloir et le reporter à un moment plus opportun. En effet, dans cet exemple, notre vendeur n'aura même pas été en mesure de développer ses arguments pourtant si convaincants :
— 6 boissons différentes pour un appareil au même prix que la machine du prospect qui ne délivrait que du café (donc un plus grand choix pour le personnel et pour les visiteurs) ;
— un prix au kilogramme de café soluble 25 % moins cher que le prix habituellement pratiqué par la concurrence (qui permettait au client d'amortir - calculs à l'appui - son investissement en moins de 6 mois) ;
— une garantie pièces et main-d'œuvre de 18 mois au lieu de 12.

Être sérieux sans être austère, déférent sans être servile, conserver son naturel et inspirer de la sympathie, voilà l'attitude à adopter. Pas évident ? Certes non, mais rassurez-vous, le fait d'oublier une partie de ces recommandations n'est pas rédhibitoire. En revanche, les premiers mots se doivent, eux, d'atteindre leur objectif. Vous ne disposez que de quelques secondes pour captiver votre auditeur et pour ce faire, il n'existe que deux solutions.

La première consiste à faire une promesse en respectant la règle de l'avantage. Il faut pour cela être sûr que l'avantage que vous choisirez atteindra son but. Ne prenez donc aucun risque, mais mettez-vous à la place du prospect et posez-vous la question suivante : « Si j'étais le prospect, qu'est ce qui, dans le produit que je propose, m'intéresserait surtout ? ». La réponse que vous obtiendrez constituera une redoutable entrée en matière.

Trois exemples

• *Vente en gros auprès de commerçants. Démarchage sans rendez-vous.*

« Bonjour Monsieur, Jean Vendétone société Lambda, je voudrais vous montrer des échantillons de produits qui vont vous permettre d'augmenter sensiblement votre chiffre d'affaires. Pouvez-vous m'accorder quelques minutes d'entretien ? » [*Promesse d'argent.*]
Aucun commerçant digne de ce nom n'éconduira notre vendeur. L'appât du gain et la curiosité aidant, celui-ci sera certainement invité à poursuivre son exposé.

• *Vente de fournitures de bureau.*

« Je suis venu pour vous présenter notre gamme de consommables pour photocopieurs qui vont diminuer votre facture de consommables de 15 à 40 % ». [*Promesse d'économies donc d'argent.*]

• « Fund-Raising » *pour le compte d'une association caritative. Démarchage en porte à porte.*

« Bonjour, je m'appelle Charles Dulac de la fondation Raoul Follereau. J'aimerais vous expliquer comment nous pourrions, grâce à vous, sauver plusieurs enfants de cette terrible maladie qu'est la lèpre. Pouvez-vous m'accorder quelques minutes de votre temps ? » [*Promesse faisant appel à l'orgueil.*]
Aucune âme sensible ne peut clore ici la conversation.

La deuxième solution pour captiver votre interlocuteur, vous l'aurez deviné, c'est de le faire parler de lui et/ou d'engager directement la phase de découverte (*cf.* section suivante). En agissant de la sorte, vous forcez la communication à s'établir. Non seulement vous vous ferez apprécier d'emblée par un prospect enchanté de se trouver si intéressant, mais surtout, vous pourrez commencer à consigner des informations précieuses qui pourront vous servir ultérieurement.

Exemples

Le vendeur : « Bonjour Monsieur Machpro, je vous remercie de m'avoir reçu. Vous aviez l'air débordé la semaine dernière quand nous avions pris rendez-vous. Ça va mieux maintenant ? ».

L'acheteur : « Oui, c'est vrai, j'étais débordé à cause d'une commande importante, qu'on n'a d'ailleurs pas pu honorer dans les délais parce qu'on était en rupture de stock... Il a fallu jongler avec les sous-traitants... Bref, pendant trois jours, tout le monde a vécu un cauchemar. »

Imaginez que vous soyez un vendeur de logiciels de gestion de stocks, un conseiller en organisation ou un sous-traitant en prospection, etc. Il y a fort à parier que vous saurez saisir cette perche que l'on vous tend.

Le vendeur : « J'ai lu la semaine dernière que vous alliez fusionner avec la société Glopmul, ça va changer beaucoup de choses pour vous ? »

L'acheteur : « Absolument, puisque je vais rejoindre notre siège social qui est basé à Strasbourg. »

Vous voilà prévenu, vous allez bientôt changer d'interlocuteur !

L'ENTRETIEN

Beaucoup de vendeurs ne prennent pas la peine de s'enquérir des besoins et préoccupations de leur prospect. Ils se cantonnent dans l'énumération des caractéristiques de leurs produits en supposant que leur interlocuteur y sera naturellement sensible. Ils encaissent quelques objections sans véritablement les traiter et repartent invariablement avec un carnet de commande « à sec », en maudissant la conjoncture ou l'inefficacité du service marketing.

Ces vendeurs font maintenant partie d'une race en voie de disparition : les preneurs d'ordres. En effet, aujourd'hui l'entreprise leur préfère le marketing direct... Il faut avouer qu'à rendement équivalent, il est plus judicieux d'envoyer une plaquette publicitaire ou un catalogue accompagné d'une lettre de vente et d'un bon de commande à remplir, que d'investir dans une équipe commerciale. Financièrement l'entreprise est gagnante, car les frais de marketing direct (conception, réalisation et expédition des documents) sont largement inférieurs à ceux d'une représentation commerciale (salaire du vendeur, charges sociales, voiture de fonction, essence, etc.).

En revanche, pour interroger, écouter, analyser, argumenter, persuader, séduire... rien ne remplace un vendeur.

À l'heure où les marchés s'internationalisent et où la concurrence s'intensifie, le commercial est plus que jamais le nerf de la guerre économique. Cependant le vrai vendeur est une denrée rare, car la vente exige un très grand nombre de dispositions parfois innées : la vivacité d'esprit, la capacité d'écoute, l'éloquence, l'opiniâtreté, le charme, mais aussi la culture générale, la courtoisie, le sang-froid et bien d'autres qualités encore. Pourtant, de nombreux vendeurs modestes, ne les possédant pas toutes, sont devenus des cracks de la vente, et en très peu de temps. De quelle manière ? En mettant en pratique des techniques de vente. Tout comme le dessin, le piano ou le théâtre, la vente est une discipline qui s'apprend, et qui peut faire des prodiges à force de travail et de passion.

Revenons donc à l'apprentissage de la technique. Nous allons maintenant nous concentrer sur la phase essentielle de l'entretien commercial : la découverte des besoins. Domaine dans lequel les maîtres-vendeurs excellent.

À la découverte des besoins

La phase dite de découverte des besoins est capitale pour la réussite de l'entretien. Une découverte des besoins insuffisante ou bâclée prépare le terrain des objections et du refus de notre offre. Mécaniquement, ce phénomène se décompose comme suit :
— découverte des besoins incomplète;
— besoins partiellement ou mal cernés;
— exposé, arguments décalés (offre commerciale inadaptée);
— perception élevée du prix du fait de l'inadéquation du produit aux besoins du prospect;
— objections du prospect : « C'est trop cher ! », « Ça ne m'intéresse pas », etc.

Découvrir les besoins du client pour réussir ses ventes

Les mobiles d'achat d'un individu sont étroitement conditionnés par sa personnalité, ses goûts, son rang social, ses moyens financiers, son appartenance à l'un ou l'autre sexe. Deux personnes n'achèteront pas un même produit pour les mêmes raisons. Pour vous en convaincre, réalisez le petit exercice que voici : prenez un objet, par exemple un stylo-plume, et essayez de trouver quinze raisons différentes de vouloir acheter un stylo-plume de la marque X, plutôt qu'un autre de la marque Y.

Réponse

Bien des motivations peuvent en effet guider le choix d'un acheteur de stylo-plume. Citons les principales :
— le « design » du produit (l'acheteur le trouvera « beau »);
— la tenue en main du stylo;
— l'agrément de l'écriture (la plume glisse sur le papier);
— le prix;
— la couleur de l'encre;
— l'origine de la fabrication (le « made in France », par exemple);
— l'épaisseur du trait de plume;
— le « clic » harmonieux du capuchon lorsqu'on referme le stylo;
— la marque (pour donner une certaine image de soi);
— le système de blocage du capuchon à l'extrémité arrière du stylo, évitant ainsi toute perte;
— le poids du stylo;
— la matière (en or, argent, bois, acier, inox, etc.);
— les gadgets (« pince-clip », effaceur incorporé, etc.);
— la solidité de l'instrument;
— son agencement économique (rechargeable aisément);
— le mimétisme (un ami estimé ou une personnalité possède le même);
— et, certainement, la combinaison de plusieurs de ces critères.

Chaque produit/service possède une ou plusieurs fonctions et correspond à un besoin, mais chaque client est poussé par des mobiles d'achat différents. Ainsi, l'on peut trouver plus d'une dizaine de mobiles d'achats différents pour un produit aussi simple qu'un stylo-plume ! Et si l'on pouvait faire une analyse fouillée des motivations pouvant amener un individu à se porter acquéreur d'une automobile, on en dénombrerait plus d'une centaine...

Un vendeur de voitures rencontrant un client pour la première fois aura du mal à discerner, de prime abord, les mobiles d'achat de ce dernier. En effet, à quelles caractéristiques notre prospect se montrera-t-il le plus sensible : au design du modèle, aux qualités techniques du moteur, à la tenue de route, aux finitions, aux coloris disponibles, à la sécurité, au prix ? À plusieurs critères à la fois ? Très certainement, mais lesquels ?

Pour toutes ces raisons, le commercial gardera présente à l'esprit cette règle fondamentale de la vente : « **Il n'est pas possible de convaincre quelqu'un si l'on ne connaît pas les raisons pour lesquelles il pourrait être convaincu** ».

Il est donc indispensable, avant d'avancer un argument, d'évaluer les besoins du client, de savoir si le produit proposé correspond à ses attentes, et d'apprécier ses réticences et ses a priori éventuels à l'acquisition du produit.

Préalablement à toute vente, il convient donc de cerner au mieux la personne que l'on a à convaincre, car c'est la connaissance de ses besoins qui permettra ultérieurement d'ajuster le « tir » des arguments de vente.

Les outils de la découverte : la méthode I.V.E

Un résumé préalable et synthétique de cette stratégie permettra d'en avoir, globalement, une meilleure compréhension. Nous en détaillerons ensuite les différents éléments.

En règle générale, au début d'un entretien de vente, les besoins sont rarement exprimés de manière explicite par le prospect. Tout au plus enregistre-t-on l'expression vague d'une situation imparfaite. La stratégie du vendeur consistera, en premier lieu, à questionner son prospect, à explorer son univers personnel et/ou professionnel selon le cas, afin de déduire les problèmes potentiels (soucis et préoccupations diverses exprimés confusément) auxquels il doit être confronté. Pour identifier ces problèmes potentiels du prospect susceptibles de receler des besoins, le vendeur recourra à des questions dites d'**information**. Une fois que celles-ci l'auront éclairé, il fera en sorte que le prospect exprime lui-même ses problèmes et il y parviendra au moyen de questions de **validation**. Alors, immédiatement, il leur conférera davantage de consistance et de relief, dans le but de transformer ces problèmes en besoins, cela au moyen de questions d'**engagement**.

Le(s) besoin(s) reconnu(s), le prospect se montrera disposé à étudier des solutions de nature à apporter une réponse satisfaisante à ce(s) besoin(s). C'est à ce moment, précisément, que l'exposé du vendeur (l'argumentaire) atteindra son efficacité maximum pour emporter la vente.

Les questions d'information

Appréhender la situation du prospect pour en déduire les problèmes potentiels de ce dernier, tel est l'objectif des questions d'information.

Qu'est-ce qu'une question d'information ? Comment la formuler ?

C'est une question chargée d'explorer l'univers personnel ou professionnel de son prospect. Par le jeu des questions d'information, le vendeur doit pouvoir récolter un certain nombre de renseignements concernant son interlocuteur :
— Qui est-il, que fait-il ?
— Comment le fait-il ? (et avec quels moyens ?)
— Que voudrait-il faire ?

Autant d'informations qui permettront au vendeur, grâce à ses connaissances professionnelles, d'évaluer l'existence ou l'absence, chez le prospect, de problèmes potentiels.

Ces réponses de début d'entretien permettront ensuite au vendeur d'élaborer de nouvelles questions, plus fines, visant à explorer ces problèmes potentiels pour en dégager le(s) besoin(s) éventuel(s).

L'objectif des questions d'information consiste donc pour le vendeur à dresser l'état de la situation du prospect afin d'en cerner les problèmes potentiels de ce premier.

« Travaillez, prenez de la peine », disait La Fontaine, « un trésor est caché dessous ».

Exemples de questions d'information sur un prospect « entreprise »

Remarque
Les questions ci-dessous n'ont pas forcément de lien entre elles et concernent des domaines d'activité différents pour intéresser le plus grand nombre. Le lecteur pourra s'inspirer de telle ou telle formulation pour construire sa propre liste de découverte.

• Qui est le prospect, que fait-il ?
— Quelle est l'activité de votre entreprise ?
— Comment êtes-vous organisé ? (Organigramme.)
— Comment votre service marketing est-il structuré ?
— Puis-je vous demander quel est votre chiffre d'affaires ?
— Votre activité est-elle fortement concurrentielle ?
— Quelle est votre fonction au sein de votre entreprise ?

• Comment le fait-il ? Avec quels moyens ?
— Actuellement, comment procédez-vous pour faire connaître vos nouveaux produits ?

— Comment faites-vous, aujourd'hui, pour apprécier la solvabilité de vos clients ?
— Quelle est la qualité de vos relations avec le conseiller de clientèle de votre banque ?
— Vous percez des trous d'un diamètre relativement important dans le béton ferraillé ; que faites-vous lorsque vous rencontrez un rond à béton ?
— Comment se prennent les décisions en matière de... ?
— Est-ce que d'autres personnes que vous interviennent dans les décisions concernant cette affaire ?

• Que voudrait-il faire ?
— Qu'attendez-vous d'un conseiller en communication ?
— Quelles performances attendez-vous d'un système de communication radio ?
— Comment envisagez-vous votre prochain bureau ?
— Pour vous, qu'est-ce qu'un bon système de gestion de bases de données ?
— Si vous pouviez améliorer votre automate de production, que changeriez-vous et quels résultats souhaiteriez-vous obtenir ?

Exemples de questions d'information avec un particulier

• Qui est il ? Que fait-il ?
— Quelle est votre situation de famille (marié, célibataire, enfants, etc.) ?
— Quelle profession exercez-vous ?
— Pratiquez-vous une ou plusieurs langues étrangères ?
— Avez-vous un violon d'Ingres, une ou plusieurs activités extra-professionnelles ?
— Êtes-vous propriétaire ou locataire de votre appartement ?
— Dans quelle fourchette de rémunération votre emploi vous place-t-il ?

• Comment le fait-il ? Avec quels moyens ?
— Quel usage faites-vous de votre micro-ordinateur personnel ?
— Sur quels produits financiers votre épargne est-elle investie ?
— Comment cela se passe avec votre assureur lorsque vous avez connu un sinistre ?
— Comment procédez-vous pour détacher les taches incrustées dans votre moquette ?

— Et lorsque votre fils doit rédiger un exposé, où va t-il chercher ses informations ?

• Que voudrait-il faire ?
— Comment imaginez-vous votre prochaine demeure ?
— Pour vous, qu'est-ce qu'une bonne voiture ?
— Quelles qualités attendez-vous de votre future chaîne hi-fi ?
— Qu'attendez-vous d'un voyage à l'étranger ?
— Quel budget mensuel envisagez-vous de consacrer à cette épargne ?

Parfois, avant d'identifier les problèmes potentiels du prospect, il vous faudra poser un grand nombre de questions d'information. Cependant, il peut arriver que vos clients répugnent à y répondre.

Ce sera effectivement le cas si vos questions sont posées trop abruptement et en rafale, ne laissant pas à votre interlocuteur le loisir de s'exprimer (questions fermées), autrement dit si votre technique relève davantage de l'investigation policière que de la découverte réelle des besoins de vos clients.

Exemple à ne pas suivre (conseiller de clientèle de Banque)

— Comment vous appelez-vous ?
— Vous avez quel âge ?
— Quelle profession exercez-vous ?
— Depuis combien de temps ?
— À combien s'élèvent vos revenus annuels ?
— Vous êtes marié ? Sous quel régime ?
— Vous avez des personnes à charge ?
— Êtes-vous propriétaire ou locataire de votre logement ?
— etc.

Dans de telles circonstances, le client n'aura pas le sentiment que le vendeur s'intéresse à ses attentes, mais plutôt qu'il engrange des informations à son sujet.

Afin d'éviter une telle situation, n'hésitez pas à varier le style et la forme de vos questions.

Pour ce faire, vous pouvez vous inspirer des exemples et modèles de questions que nous vous proposons maintenant, regroupés sous huit techniques :

1. Questions ouvertes

Leur but consiste à faire parler le prospect. Elles ne donnent aucun guide pour la réponse. Ces questions commencent le plus souvent par : Pourquoi, comment, quel, qu'est ce que...
— Comment envisagez-vous votre développement sur ce marché ?
— Que pensez-vous de... ?
— Comment se fait-il que... ?
— Pourquoi avez-vous opté pour ce matériel en son temps ?
— Quel est l'activité de votre entreprise ?

2. Questions fermées

Ces questions appellent, le plus souvent, une réponse par « oui » ou « non ». Il s'agit de questions précises, appelant une réponse précise.
— Avez-vous déjà organisé une manifestation événementielle ?
— Puis-je vous aider ?
— Quelle est la capacité mémoire de votre disque dur ?

3. Questions alternatives

Elles orientent le choix du prospect vers deux propositions.
— Ce qui vous importe le plus, c'est la maniabilité ou la simplicité d'utilisation ?
— Quant à choisir, que préfèrent vos patients : les médicaments en gélules ou sous forme de comprimés ?

4. Question miroir ou ricochet

L'interlocuteur est invité à préciser ou développer ce qu'il vient de dire. On pourra, pour formuler ces questions, répéter les derniers mots du prospect.
— Pas assez souple, ce placement ?
— Un matériel capable de fonctionner en milieu hostile ? C'est-à-dire ?
— Qu'entendez-vous par là ? C'est-à-dire ?
— Pourquoi cette question ?
— Qu'est-ce qui vous fait penser cela ?

5. Questions de contrôle

Elles sont destinées à valider ou faire le point sur ce qui vient d'être dit. Elles clarifient la situation et donnent un sentiment de bonne progression de l'entretien.
— Si je comprends bien, vous considérez que..., c'est bien cela ?
— Ai-je raison de dire que vous aimeriez ... ?

6. Questions orientées

Elles suggèrent la réponse par une formulation interro-négative.
— Ne pensez-vous pas qu'un nettoyage plus fréquent des cylindres améliorerait le rendu final des documents ?

7. Questions globales

Elles évitent d'interroger le prospect d'une manière trop personnelle ou trop brusque.
— Que pense-t-on, autour de vous, des couleurs de votre nouvelle enseigne ?

8. Le silence

La nature a horreur du vide, c'est bien connu. Au cours de l'entretien de vente, les silences du vendeur agiront comme de véritables invitations au prospect à poursuivre son propos. Plutôt que de renchérir sitôt le message du prospect achevé, imposez-vous quelques silences... Vous ne tarderez pas à découvrir les vertus exceptionnelles de cet instrument à délier les langues.

Exemple

Le vendeur : « Pour vous qu'est-ce qu'un bon imprimeur ? »
Le prospect : « Que voulez-vous que je vous dise ; un bon imprimeur, c'est quelqu'un qui fait bien son travail. »
Le vendeur : (Silence)
L'acheteur : « Oui, c'est quelqu'un qui vous remet des documents propres, parfaitement imprimés, et au meilleur prix. C'est tout ! »

Le vendeur : (Silence)
L'acheteur : « Encore faut-il tenir ses délais de livraison. »
Le vendeur : (Silence)
L'acheteur : « Tenez, lors du dernier salon auquel nous avons participé, nous avions confié l'impression d'une plaquette de présentation des nouveaux produits de notre société à l'imprimerie locale. Ses tarifs étaient plus que raisonnables et la qualité de l'impression irréprochable... Mais nous avons reçu le document avec une semaine de retard. C'est-à-dire le dernier jour de l'exposition. Une véritable catastrophe ! »

Les questions de validation

Votre connaissance des produits et des besoins auxquels ils répondent, votre métier et votre expérience vous ont permis — grâce aux questions d'information — de déduire les problèmes potentiels de votre prospect. À présent, une question se pose : votre prospect ressent-il vraiment les problèmes que vous lui supposez ? Ne prenez pas le risque d'une méprise en vous lançant à ce moment dans l'argumentation de vos produits. Attendez donc la confirmation de votre jugement en faisant exprimer ses problèmes par le prospect lui-même ! Cet objectif incombe aux questions dites de validation.

Comment formule-t-on les questions de validation ?

Les questions de validation permettent de vérifier, valider l'existence des problèmes du prospect. Dans un premier temps, le vendeur pourra interroger directement le client sur ses préoccupations puis dans un second temps, pour donner plus de poids au problème confessé et augmenter le désir du prospect de le voir trouver une solution, il élaborera des questions sur les conséquences et répercussions diverses liées à l'existence de cet état de choses.

Exemples de questions de validation (portant sur l'existence du problème)

— Ce qui vous préoccupe, c'est la solidité de cet alliage nickel-plomb ?
— Le pli de votre pantalon est-il toujours impeccable après une journée de travail, dont deux heures passées dans la voiture ?
— Votre fournisseur actuel parvient-il à vous livrer toujours dans les délais ?

— Êtes-vous satisfait des tarifs de votre société de courses ?
— Votre télécopieur vous cause quelques soucis ? Quel genre de soucis ?
— Les stagiaires n'ont rien compris aux explications du formateur, dites-vous ? Etait-ce trop technique ou mal expliqué ?

Exemples de questions de validation (portant sur les conséquences du problème)

— Compte tenu de la fréquence de l'horloge de cet ordinateur, vos compilations ne vous font-elles pas perdre beaucoup de temps ?
— Ne risquez-vous pas de perdre une grosse partie de votre récolte si vous ne traitez pas votre blé contre l'oïdium et la septoriose ?
— Votre service comptable ne se plaint-il pas de devoir attendre que le poste serveur soit disponible ?
— J'imagine que cela doit vous coûter une fortune ?
— Ces pannes de matériel vous obligent-elles à finir le travail à la main ?
— La fiscalité afférente à ce type de placement a dû lourdement grever la rentabilité de votre investissement. Ai-je raison ?
— Et comment cela se passe-t-il quand vous n'êtes pas livré à temps ?
— Trop rapide, la rotation de vos fraises ? Pourquoi, elle abîme la matière sur laquelle vous travaillez ?
— Votre ancienne secrétaire faisait des fautes d'orthographe, me dites-vous ? Vous pensez que votre image de marque, auprès de vos clients, en a souffert ?

Les questions de validation, à la différence des questions d'information, sont d'un maniement délicat. Elles ne seront formulées qu'une fois les problèmes potentiels du prospect clairement identifiés et le climat de confiance instauré. En effet, aucun client n'acceptera de « se mettre à table » si vous lui posez d'emblée une question de validation du type : « Alors, dites-moi ce qui ne va pas ? »

Par ailleurs, l'objectif des questions de validation est de révéler le ou les problèmes susceptibles d'être résolus par l'acquisition de votre produit ou service.

Inutile, par conséquent, de soulever un problème auquel vous ne pouvez pas apporter de réponse : vous n'aborderez les questions de validation que dans les domaines parfaitement maîtrisés par vous.

Exercice 1

Vous trouverez ci-dessous des questions d'information et des questions de validation. Pouvez-vous les reconnaître ? (Réponse à la fin du livre)

1. Combien de kilomètres parcourez-vous dans l'année ?
2. Pour vous, qu'est-ce qu'un bon traitement de texte ?
3. La pièce que vous souhaitez recouvrir est en quel métal ?
4. Qu'attendez-vous d'un consultant en organisation ?
5. Pourquoi dites-vous cela ? Vous est-il déjà arrivé de ne pas être dépanné à temps ?
6. En quelle année avez-vous fait l'acquisition de ce système ?
7. ... Et vous parvenez toujours à écouler vos stocks ?
8. Vous pensez payer plus d'impôt que vous ne le devriez ?
9. Alors qui s'occupe de répondre au téléphone quand vous êtes absent de votre bureau ?
10. Cette sonde n'est pas anatomique, dites-vous ? Pourquoi, vos patients s'en plaignent ?
11. Vous dites que l'ambiance est mauvaise au sein de l'atelier. Vous pensez que cela affecte la qualité de fabrication ou encore la productivité ?
12. Combien de feuilles votre thermorelieur vous permet-il de relier ensemble ?
13. Quelles seraient pour vous les conséquences d'une destruction de vos fichiers par la faute d'un virus informatique par exemple ?
14. Quelle est la taille de votre exploitation agricole ?
15. Trop complexe à manier, ce tableur ? Est-ce à dire que vous n'utilisez pas toutes ses ressources ?

Et surtout, n'oubliez-pas : vos arguments de vente auront d'autant plus d'impact sur votre prospect que son problème aura été défini et reconnu par lui-même. Et plus les conséquences de ce problème seront lourdes, plus la nécessité de trouver une solution (votre produit ou service) se fera impérieuse.

Les questions d'Engagement

Vos questions de validation ont permis de repérer, puis d'amplifier le(s) problème(s) du prospect. Cependant, il serait prématuré voire périlleux d'interrompre ici la phase de découverte des besoins pour développer vos arguments !

En effet, si votre prospect vient de prendre conscience de son problème, est-il pour autant disposé à s'engager maintenant ? A-t-il franchi la barrière psychologique qui le conduira à se porter acquéreur de votre produit ou service pour résoudre sa difficulté ? Est-il prêt à basculer du stade de prospect à celui de client ?

Ne supposez rien ! Ne prenez pas le risque d'un échec ! Car manifester un problème, ce n'est pas reconnaître un besoin. Voici, pour vous en convaincre, quelques exemples significatifs.

Expression du problème	**Expression du besoin**
— « J'ai beaucoup de mal à trouver du personnel qualifié ».	— « J'aurais besoin d'un vrai charpentier pour mener ce travail à bien. »
— « Cette imprimante est d'une lenteur affligeante ! »	— « Il nous faut une imprimante plus rapide. »
— « Notre dernière campagne radio n'a rien donné. »	— « J'aimerais trouver un outil publicitaire vraiment efficace. »
— « Tout le monde étouffe dans ces bureaux ! »	— « Nous recherchons un local de 300 mètres carrés dans ce quartier. »
— « C'est fou ce que le fisc me prélève ! »	— « Quelle formule de placement défiscalisée me proposez-vous ? »

Exercice 2

À vous de jouer, maintenant. Les phrases suivantes expriment-elles un problème ou un besoin ? (Réponse à la fin du livre.)

1 - « La dernière fois que j'ai vécu une panne d'électricité, j'ai perdu tous les fichiers de mon disque dur. »
2 - « Je n'ai jamais le temps de me tenir informé de l'actualité. »
3 - « Je voudrais une montre qui fasse chronomètre. »
4 - « Parfois, nous sommes obligés de livrer dans la journée, mais on n'y arrive pas. »
5 - « De temps en temps, nous faisons appel à notre agence de publicité, seulement ça nous coûte une fortune. »

6 - « L'intensité lumineuse est insuffisante dans ces bureaux, tout le monde s'abîme les yeux. »
7 - (Détaillant s'adressant au grossiste) « J'ai liquidé tous mes blousons en daim, il vous en reste ? »
8 - « Je rêve d'une voiture de sport qui soit agréable à conduire en ville. »
9 - « Toutes mes génisses ont perdu du poids. Je n'y comprends rien. »
10 - « J'aimerais que la décoration du magasin soit dans le style Art-déco. »

Vous l'auriez deviné, l'impact de l'argumentaire de vente est bien plus fort après que le prospect a fait état de son besoin. Cependant, bon nombre de vendeurs amorcent leur exposé ou argumentaire aussitôt le moindre problème énoncé par le prospect, pensant détenir, par cet aveu, la preuve de l'intérêt de celui-ci pour le produit qu'ils proposent. Mais ce faisant, ils affaiblissent notablement l'impact de leur argumentaire. La découverte des besoins ne peut être considérée comme achevée et l'argumentaire ne peut débuter qu'une fois le(s) besoins(s) du prospect reconnu(s). Pour passer de l'expression d'un problème à la reconnaissance du besoin, le vendeur recourra aux questions dites d'engagement dont l'objectif est double :
— faire admettre implicitement au prospect l'existence de son besoin ;
— tester le désir du prospect de voir son problème trouver une solution.

Les questions d'engagement ayant pour but d'évaluer la réceptivité du prospect à une question suggérant la résolution du problème, peuvent se formuler de plusieurs manières :

Exemple

— « Ce problème de financement semble vous causer quelques soucis, cela vous intéresserait-il que je vous indique un moyen d'y faire face ? »
— « Cela vous ferait-il gagner du temps de ne plus avoir à vous préoccuper du recrutement et de la formation de votre personnel technique ? »
— « Et si nous pouvions diviser par 4 la surface nécessaire au stockage des bidons, cela vous rendrait-il service ? »
— « Et si l'on parvenait à rendre ces documents infalsifiables et infraudables, cela vous intéresserait ? »

Plus généralement, les questions d'engagement peuvent revêtir la forme suivante :
— « Si je vous ai bien compris, vous pensez ceci (ce que le prospect a dit) et cela (ce qu'il n'a pas dit, qu'il aurait pu dire à la rigueur et qui est favorable au vendeur). C'est bien cela ? »

Exemples

— « Si je comprends bien, votre changement de positionnement vers des produits haut de gamme vous oblige à disposer de documents commerciaux plus luxueux... Vous voulez donc quitter la bichromie pour une belle quadri sur papier pelliculé glacé. C'est cela ? »
— « Si j'ai bien compris, vous ne pouvez pas vous permettre la moindre erreur dans la traduction de vos manuels techniques en allemand. Aujourd'hui, vous souhaitez donc vous associer les services d'un véritable traducteur spécialisé en allemand technique. C'est cela ? »
— « Si j'ai bien compris, vous dépensez chaque année des sommes importantes auprès de votre conseil juridique et vous aimeriez réduire ce poste en vous procurant une encyclopédie juridique claire et accessible, qui puisse répondre à toutes vos préoccupations ou presque. C'est bien cela ? »
— « En fait, tous vos collaborateurs apprécient de voir des plantes vertes au bureau mais personne ne s'occupe de leur entretien. Aujourd'hui donc, vous pensez plutôt vous orienter vers des plantes artificielles ou encore des plantes ne nécessitant que très peu d'entretien parce que très résistantes. Ai-je bien résumé votre point de vue ? »

À présent, pour illustrer la phase de découverte des besoins et la méthode I.V.E, voici un extrait d'entretien de vente entre un vendeur de stands de salons professionnels et un responsable du marketing.

Extrait d'entretien de vente

Le prospect désignant le fauteuil : « Asseyez-vous, je vous en prie. »
Le vendeur : « Merci. Tout d'abord, je tiens à vous remercier de m'avoir accordé cet entretien. Avant de vous présenter l'objet de ma visite, puis-je vous demander quelle est l'activité de votre entreprise ? »

Le prospect : « Nous sommes une entreprise d'assistance juridique aux particuliers. Nous éditons une encyclopédie juridique, nous vendons du conseil par téléphone, par courrier ou par Minitel. Cela fait maintenant 18 ans que nous existons et l'entreprise compte 47 personnes pour un chiffre d'affaires de 32 millions de francs. »
Le vendeur : « Vous êtes, m'aviez-vous dit au téléphone, responsable du marketing. C'est bien cela ? De manière à bien situer votre action, puis-je vous demander en quoi consiste votre mission ? »
Le prospect : « Je vais vous répondre. Je m'occupe de tout ce qui touche à la publicité, la promotion, les relations publiques de l'entreprise, mais aussi de la mise au point des plaquettes commerciales, de la formation des vendeurs aux produits de l'entreprise, de l'élaboration de la politique tarifaire, des études de marché et du lancement de nouveaux services. Voilà, tout ceci est sous mon autorité. »
Le vendeur : « Autrement dit, la décision d'investir sur tel outil publicitaire plutôt que sur tel autre vous appartient totalement, pour ne prendre que cet exemple ! »
Le prospect : « Absolument. Tant que cela reste dans la limite de mon budget, bien sûr. »
Le vendeur : « Alors aujourd'hui, quels sont vos outils de communication favoris pour la prospection de votre clientèle ? »
Le prospect : « Nous envoyons des mailings et nous passons quelques publicités dans la presse spécialisée. »
Le vendeur : « Avez-vous essayé de participer à des manifestations professionnelles comme les salons, les foires-expositions, etc. ? »
Le prospect : « Non, jamais ! »
Le vendeur : « Pour quelles raisons ? »
Le prospect : « Parce que ça coûte une fortune et qu'on ne peut pas se permettre de prendre de tels risques financiers... Si l'on participe à ce genre de manifestation, on va certainement toucher quelques nouveaux clients, mais ça ne vaudra jamais un bon mailing ! »
Le vendeur : « Et vous êtes satisfait des résultats de vos mailings et publicités en terme de retour sur investissement ? »
Le prospect : « Oui, le plus souvent. Bien que ces derniers temps, ça pourrait être mieux ! »

[*Stop ! Cette réponse trahit l'existence d'un problème. Le vendeur sait désormais qu'il est sur la bonne voie, mais il se gardera bien de présenter le produit car le besoin n'a pas encore éclaté au grand jour.*]

Le vendeur : « Ça pourrait être mieux ! C'est-à-dire ? »
Le prospect : « Eh bien, habituellement on enregistre une moyenne de 3 % sur nos retours de mailing. Mais le dernier mailing nous a crédités d'un piteux 1,8 %. »
Le vendeur : « Avec un tel pourcentage de remontées, est-ce encore rentable pour vous ? »
Le prospect : « Pas vraiment. En fait, on s'estime heureux à partir de 2,5 % de taux de retours. Chacun de nos mailings comprend 2 000 envois. Donc, 2,5 % de retours, ça nous fait 50 prospects à visiter... C'est tout juste. »
Le vendeur : « Puis-je vous demander combien vous coûte chaque lettre expédiée ? » [*Question ouverte destinée à récupérer des informations qui permettront d'appuyer l'argumentation du vendeur.*]
Le prospect : « Quand on additionne les honoraires du concepteur-rédacteur, les frais de fabrication des documents, la location du fichier, l'affranchissement, la mise sous pli et le routage, on atteint les 11 francs par envoi. »
Le vendeur : « En fait, cela vous coûte 22 000 francs pour obtenir 50 rendez-vous, ce qui fait 440 francs le rendez-vous ! Est-ce que ça signifie qu'au-delà de 440 Francs du rendez-vous ce n'est plus intéressant pour vous ? »
Le prospect : « Exactement. »
Le vendeur : « Donc, si j'ai bien compris, actuellement en matière de prospection commerciale, le marketing direct ne vous donne pas entière satisfaction parce que le coût du "contact utile" est parfois supérieur à 440 francs. En fait, ce que vous recherchez c'est un outil de prospection qui vous garantisse le rendez-vous pour un coût inférieur à 440 francs. C'est bien cela ? »
Le prospect : « Oui, tout à fait ! »
Le vendeur : « Et si je vous proposais un outil de prospection qui vous permette de toucher une clientèle pour moins de 440 francs du contact, vous seriez intéressé ? »
L'acheteur : « Évidemment ! » [*Par cet aveu, l'acheteur vient de reconnaître son besoin !*]
La suite de cet entretien figure dans la section suivante (l'argumentaire de vente).

Exercice 3

La technique de découverte des besoins étant la clé de voûte de l'entretien commercial réussi, vous devez en maîtriser tous les

tenants et les aboutissants. Voici donc un exercice pour vérifier votre compréhension. L'extrait d'entretien qui suit met aux prises un chargé de clientèle de banque et son prospect. Le rendez-vous fait suite au démarchage téléphonique du vendeur quelques jours plus tôt. Le prospect, M. Machpro, a accepté de recevoir le chargé de clientèle, un soir, à son domicile.
Déterminez la nature des questions posées par le vendeur. Cochez [A] pour les questions d'information, [B] pour les questions de validation et [C] pour les questions d'engagement. (Réponse à la fin du livre.)

1. [A|B|C]
Le vendeur, s'installant sur une chaise : « Avant toute chose, je tiens à vous remercier de me recevoir ici, chez vous. Dans un premier temps, je vous propose de faire connaissance. Au cours de notre entretien, je vais être amené à vous poser un certain nombre de questions. Me permettez-vous de noter ce que vous me direz ?
M. Machpro : « Faites, je vous en prie. »

2. [A|B|C]
Le vendeur : « On commence par vous alors (sourire). Pouvez-vous me parler de votre situation familiale ? »
M. Machpro : « Eh bien, j'ai 34 ans, je suis marié depuis bientôt 7 ans. Mon épouse a 29 ans et nous n'avons pas d'enfants. »

3. [A|B|C]
Le vendeur : « Et quelle profession exercez-vous ? »
M. Machpro : « J'exerce le beau métier de pianiste et de compositeur interprète. »

4. [A|B|C]
Le vendeur (haussant les sourcils) : « Ça, c'est original. Et en quoi cela consiste t-il ? »
M. Machpro : « Oh, c'est très simple... Je travaille essentiellement pour la publicité et le cinéma. Je compose, sur demande, une musique adaptée à un scénario ou un story-board. C'est un métier qui nécessite non seulement une parfaite connaissance de la musique mais aussi des synthétiseurs et de l'informatique pour les arrangements ; moyennant quoi, j'arrive à composer, en étant seul, des mélodies complexes avec des dizaines de sons différents. »
Le vendeur : « En somme, vous êtes un homme-orchestre au vrai sens du terme. »
M. Machpro : « C'est un peu cela, oui. »

5. A | B | C

Le vendeur : « Et pour votre épouse, qu'en est-il ? »
M. Machpro : « Elle est professeur de musique au collège. Nous nous sommes rencontrés au conservatoire. »

6. A | B | C

Le vendeur : « Je l'aurais parié (rires)... À présent, parlons d'argent, si vous le voulez bien. Quels revenus vos activités vous procurent-elles ? »
M. Machpro : « En fait, ils sont très variables. Si les revenus de ma femme sont sûrs, ils sont plus modestes que les miens. Mais, pour ce qui me concerne, mon activité est très cyclique. Certains mois, les contrats se bousculent et je n'arrive pas à fournir, d'autres mois, le carnet de commande reste désespérément vide ! Cependant, pour répondre quand même à votre question, l'an dernier par exemple, nous avons déclaré quelque 385 000 francs de revenus au percepteur. »

7. A | B | C

Le vendeur : « Et mis à part ces revenus, avez-vous d'autres rentrées d'argent de type revenus de valeurs mobilières, loyers, etc. ? »
M. Machpro : « Oui. Nous avons effectivement un portefeuille boursier constitué d'actions diversifiées. Mais il faut bien avouer que les revenus qu'il procure sont plutôt maigres, et nous n'avons pas de très belles plus-values en perspective... »

8. A | B | C

Le vendeur : « Ce que vous dites est intéressant, aussi j'aimerais que nous y revenions dans quelques instants. Autrement, avez-vous des charges d'emprunt, des crédits en cours, des loyers à payer ? »
M. Machpro : « Absolument. Nous sommes locataires de cet appartement. Nous déboursons environ 4 800 francs par mois pour y vivre. Cependant, nous n'envisageons pas de devenir propriétaires car nous apprécions de pouvoir déménager tous les 2 ou 3 ans. En fait, la location nous procure une certaine liberté... Quant à notre automobile, nous l'avons payée comptant il y a 18 mois. Et à raison de 15 000 kilomètres par an au maximum, nous espérons bien la conserver au moins 8 ans !... »

9. A | B | C

Le vendeur : « Lorsque je parle de l'avenir avec mes clients, bon nombre envisagent de devenir propriétaires de leur résidence principale ou de faire l'acquisition d'une résidence secondaire. D'autres se préoccupent surtout de l'avenir de leurs enfants ou

cherchent à s'organiser pour le jour où ils cesseront leur activité professionnelle. Certains même voudraient se consacrer davantage à une passion, la restauration de voitures anciennes ou la philatélie. Quant à vous, quels sont les projets qui vous tiennent à cœur ? »
M. Machpro : « Au risque de vous étonner, nous n'avons pas de projets particuliers. Pas de cheval ni de voiture à acheter. Notre métier nous dévore littéralement. Et notre passion pour la musique est relativement assouvie. Car lorsque nous ne jouons pas, nous écoutons d'autres jouer. Concerts, opéras et disques laser suffisent à notre bonheur. Vous voyez, nous ne sommes pas très angoissés par l'avenir et profitons du moment présent. Et je dirai même plus, si nous le pouvions, nous donnerions encore plus de temps à la musique. Cela dit, nous ne sommes pas complètement "cigales", et nous avons quand même un côté "fourmi". En effet, nous avons quelques économies, sous la forme d'un portefeuille boursier que nous alimentons régulièrement et que j'essaie de faire fructifier. Ainsi, le jour où nous déciderons d'acheter un appartement ou peut-être en prévision de nos vieux jours — nous n'en savons encore trop rien —, eh bien nous espérons avoir de quoi faire face. »

10. | A | B | C |

Le vendeur : « Puis-je vous demander, M. Machpro, quelle est la valeur approximative de votre portefeuille boursier ? »
M. Machpro : « Il cote environ 410 000 F. »

11. | A | B | C |

Le vendeur : « Vous le gérez directement ou bien quelqu'un vous épaule-t-il dans cette tâche ? »
M. Machpro : « Je gère seul le patrimoine familial. Ma femme est totalement hermétique aux choses de l'argent... »

12. | A | B | C |

Le vendeur : « Et qu'attendez-vous de placements et arbitrages divers que vous opérez sur votre compte titres : le maximum de revenus, des plus-values ? Priviligiez-vous le risque ou la sécurité ? »
M. Machpro : « Bien entendu, je cherche à maximiser notre profit, à gagner le maximum en limitant le risque. Néanmoins, pour moi, l'essentiel consiste à préserver quand même mon capital. Je privilégie donc la prudence. Pour ce faire, je consulte la presse financière... Mais il faut bien reconnaître que les résultats ne sont pas toujours au rendez-vous. »

13. A | B | C

Le vendeur : « Pourquoi, vous êtes mécontents de vos résultats ? »
M. Machpro : « Pour sûr ! En une année, la bourse a connu une hausse de 25 % alors que mon portefeuille n'a pris, dans le même temps, que 9 %. Il y a de quoi s'en vouloir, non ? »

14. A | B | C

Le vendeur : « Monsieur Machpro. Permettez-moi une question : qu'est-ce qui vous a poussé à vous constituer un patrimoine boursier plutôt qu'à acheter des produits financiers plus sûrs ou plus simples à gérer ? »
M. Machpro : « La nécessité. C'est mon père qui nous a offert, il y a 7 ans, en guise de cadeau de mariage, un portefeuille boursier d'une valeur de 250 000 F. Alors depuis, j'entretiens et développe notre cadeau de mariage. Car si ce n'est pas moi qui m'en charge, personne ne le fera à ma place. »

15. A | B | C

Le vendeur : « Pourquoi, votre banque actuelle ne vous conseille-t-elle jamais ? »
M. Machpro : « Je n'ai quasiment aucun contact avec mon conseiller de clientèle qui n'a, du reste, de conseiller que le nom ! Je passe donc mes ordres par fax et reçois, tous les trimestres, le relevé de mon compte titres. »

16. A | B | C

Le vendeur : « Ce manque de relations avec un véritable conseiller en gestion de patrimoine vous a-t-il fait perdre beaucoup d'argent ? »
M. Machpro : « Assurément, comme je vous l'ai dit, si mes avoirs avaient suivi la hausse moyenne de 25 % au lieu des 9 % constatés, mon portefeuille coterait 470 000 F au lieu de 410 000 F. Nous aurions donc 60 000 F de plus à notre actif. C'est rageant, tout de même. »

17. A | B | C

Le vendeur : « Votre courroux est en effet légitime. Maintenant, Monsieur Machpro, si je vous proposais un moyen qui vous permette de faire fructifier votre patrimoine boursier en toute sécurité, en vous garantissant au minimum l'évolution de l'indice boursier et sans que vous ayez à vous en occuper... ce qui vous laissera encore plus de temps à consacrer à votre passion, la musique. Qu'en diriez-vous ?
M. Machpro : « Je dirais "formidable", bien sûr. Encore faut-il me démontrer qu'une telle formule existe vraiment !... »

L'argumentaire de vente qui fait vendre

Bon nombre de services marketing ou commerciaux remettent des argumentaires à leur force de vente. Ces argumentaires se limitent souvent à l'énumération des caractéristiques techniques et des avantages du produit. À l'inverse, d'autres argumentaires sont de véritables textes de pièce de théâtre où toutes les interventions du prospect donnent lieu à une réponse spécifique. Dans ce cas, modifier l'emplacement d'une virgule déclenche les foudres du rédacteur de l'argumentaire.

Comme ni l'une, ni l'autre de ces méthodes ne fournit d'excellents résultats (nous en analyserons les raisons plus loin), voici un argumentaire nouveau qui, s'appuyant sur des travaux scientifiques, exige quelque aptitude à la récitation tout en faisant la part belle à la spontanéité.

L'argumentaire nouveau

L'argumentaire nouveau consiste à rédiger et mettre en forme des ARGUMENTS. L'élaboration d'un argument exige de connaître les mobiles d'achat du prospect, c'est-à-dire ses différentes motivations, Une étude particulière nous y aidera grandement : celle qui consiste à nous pencher sur les quelques notions fondamentales de psychologie qui gouvernent l'écrasante majorité des êtres humains. J'espère que vous me pardonnerez d'évoquer l'aspect le moins reluisant de la conscience des hommes, mais c'est celui-là qui va servir la technique du vendeur. Allons-y tout de go.

L'homme, par essence, est égoïste et égocentrique. Rien de tout ce que vous pouvez lui dire ne vaudra une subtile louange à son endroit. Vous ne serez donc pas surpris si votre prospect n'a que faire de vous et de votre produit, et ne vous accorde de crédit que dans la mesure où vous lui apportez quelque chose.

N'oubliez donc jamais cette règle : les gens ne s'intéressent qu'à eux-mêmes.

Il n'est besoin, pour s'en convaincre, que de quelques exemples :
— lorsque vous étiez lycéen ou étudiant et que l'on vous remettait la photo de classe de fin d'année, qui regardiez vous en premier ? Vous !
— s'il vous arrive d'écouter à la radio les prévisions de l'astrologue, à quel signe du zodiaque prêtez vous surtout l'oreille ? Au vôtre, bien sûr !

Les publicitaires, quant à eux, ont depuis longtemps assimilé ce principe de l'égoïsme humain. Leurs slogans rivalisent de considérations touchantes à l'attention du client :
Tel grand magasin nous dit : « On pense à vous tous les jours. »
Tel assureur clame : « Pour nous, rien ne compte plus que vous. »
Tel constructeur automobile affirme : « Vous êtes formidable. »
Un fabricant de jus de fruits prétend même : « Notre plus beau fruit, c'est vous. »

Qui n'apprécie de recevoir des éloges, de faire parler de soi, de se sentir important ? Au plus haut niveau intellectuel et social, on aspire à la reconnaissance par ses semblables et les combats millénaires pour l'accession au pouvoir en témoignent. L'homme a une soif de reconnaissance inextinguible, et quand bien même il accède à la célébrité, il lui faut l'immortaliser et entrer dans l'histoire.

Vous désirez que l'on s'intéresse à vous ? À votre produit ? Intéressez-vous d'abord à votre interlocuteur, c'est alors seulement qu'il vous le rendra.

Je voudrais, à l'appui de ces constatations, citer quelques-uns des principes éprouvés tirés d'un ouvrage populaire de psychologie pratique, le très célèbre « Comment se faire des amis » de Dale Carnegie. Ce livre, édité pour la première fois en 1936, n'est pas exempt de toute critique. Mais s'il est plus particulièrement adapté à la mentalité nord-américaine, les grands principes sont universels et demeurent toujours d'actualité !

Par exemple, Dale Carnegie avertit son lecteur : « Vous vous ferez plus d'amis en deux mois en vous intéressant sincèrement aux autres que vous ne pourriez en conquérir en deux ans en vous efforçant d'amener les autres à s'intéresser à vous. » Puis il cite Théodore Roosevelt : « Pour trouver le chemin du cœur d'un homme, il faut l'entretenir de ce qu'il chérit le plus. » Plus loin, il évoque le philosophe Alfred Adler : « L'individu qui ne s'intéresse pas à ses semblables est celui qui rencontre le plus de difficultés dans l'existence. »

Vous l'avez compris, l'encensoir a des vertus magiques, pour peu que vous ne tombiez pas dans la flagornerie ou l'obséquiosité.

Transposons ces idées au domaine de la vente. Observons les trois profils de vendeurs suivants.

Le premier vendeur est un obsédé du chiffre d'affaires et du taux de commission. Il ne laisse pas son interlocuteur s'exprimer afin de lui assener le maximum d'arguments. Selon lui, plus il assomme son prospect à coups d'arguments sans réplique, plus il a de chances de repartir vite, le bon de commande signé. En ce qui concerne les relations humaines vendeur/acheteur, il estime qu'il n'est pas payé pour comprendre ses clients ou sympathiser avec eux, et que s'il devait s'intéresser à tous ses clients il lui faudrait plusieurs vies. Par ailleurs, les affaires étant les affaires, s'il ne place pas coûte que coûte sa marchandise, nul doute que la concurrence ne s'embarrassera pas des mêmes scrupules.

Le second vendeur a suivi quelques cours de psychologie. Il connaît les mobiles qui font se mouvoir ses semblables et a étudié quelques bons livres traitant de l'art de manipuler la conscience d'autrui. En entretien, il pose de bonnes questions, fait parler son prospect (de tout et de n'importe quoi, pourvu qu'il parle) ; il évoque quand même les besoins du client, et ses capacités à flatter l'ego de son prospect ne sont plus à démontrer. À propos des relations acheteur/vendeur, il considère que « personne n'est dupe, tout est basé sur l'hypocrisie en ce bas monde, chacun ne pensant qu'à tirer la couverture à soi. Les vendeurs, telles les créatures de la préhistoire, subissent une sélection naturelle qui ne voit survivre que les plus habiles. »

Enfin, le troisième vendeur est d'un genre particulier. Les pieds sur terre, il aime la vente car les relations humaines le captivent. C'est un plaisir pour lui que d'aller à la découverte de ses clients et de sonder leur âme. S'il est sincère dans sa démarche, s'il lui arrive d'adresser de nombreux compliments gratuits, il n'est toutefois pas totalement altruiste. Il pose de bonnes questions, son écoute est authentique et il cherche vraiment à satisfaire le besoin du client au mieux des intérêts de celui-ci... En ménageant toutefois les siens.

Lequel de ces trois profils correspond, selon vous, au vendeur le plus efficace ? Un grand nombres de bons, voire d'excellents vendeurs, se situent dans la 2e catégorie, mais c'est assurément le troisième profil qui fournira le plus gros contingent de vendeurs d'excellence. La majorité des vendeurs hors pair que j'ai rencontrés, provenaient de la troisième souche !

Pour intéresser votre prospect, dites-lui donc ce qu'il a envie d'entendre. Posez-vous cette question : « Qu'y a t-il dans mon produit qui puisse intéresser mon prospect ? » Dans votre produit ou votre offre, **qu'y a-t-il pour lui-même ?** Voilà le secret. Et si votre volonté d'intéresser le prospect et de lui apporter un service est sincère, vous n'en obtiendrez que plus de résultats. Pourquoi ? La raison est, là encore, fort simple. La plupart de vos prospects savent de quelle mission vous êtes investi, ils sont parfois eux-mêmes vendeurs (commerçants, artisans, cadres occupant des fonctions commerciales, etc.). Autant dire que « vous n'apprendrez pas au singe à faire la grimace ». Si vous espérez « posséder » votre prochain, si vous le flattez grossièrement ou si vous dissimulez, la manipulation restera souvent vaine : « ce que vous êtes parle plus fort que ce que vous dites ». Permettez-moi de me répéter, mais renoncez à toute génuflexion ou hypocrisie. Préférez-leur la politesse, la courtoisie et l'intérêt sincère.

Il existe de nombreuses classifications en matière de besoins. Les besoins primaires (boire, manger, dormir...) ne présentant aucun intérêt psychologique, nous nous attacherons à l'étude des besoins secondaires.

Schématiquement, l'ensemble des mobiles d'achat se répartissent en cinq grandes familles que l'on regroupe sous le vocable SACOL.

SACOL ou les cinq grandes familles de besoins

SACOL est formé des initiales de Sécurité, Argent, Confort, Orgueil, Loisir : autant de besoins que nous autres, vulnérables mortels, cherchons à satisfaire en priorité.

Entrons dans le détail.

La famille Sécurité-Santé

L'une des toutes premières motivations d'achat, la sécurité, s'entend dans un sens très large. Depuis la sécurité physique, la santé, jusqu'à la tranquillité de l'esprit. Le « client sécurité » attend des preuves tangibles aux assertions du vendeur. Il recherche les références, la qualité, le SAV, les garanties, la fiabilité, etc.

C'est le besoin de sécurité qui conduit les individus à s'endetter jusqu'au cou pour devenir propriétaires de leur logement, à acheter plus cher pour se rassurer sur la qualité et à dépenser des milliards en polices d'assurances diverses, faisant de ce secteur l'une des premières activités économiques et commerciales au monde.

La famille Argent-Économie

Au-delà du sentiment de liberté ou de puissance que procure la possession de l'argent, le besoin d'argent procède également d'un besoin de sécurité. Tel individu épargnera pour se rassurer : « ... En cas de coup dur, je pourrai faire face », pense-t-il.

Auprès d'un « client argent », il importera de mettre en relief les aspects économiques, rentables ou profitables de votre offre et de les chiffrer.

Exemples

- L'agent immobilier : « ... Et le jour où vous revendrez cet appartement, vous réaliserez une confortable plus-value. »
- L'ingénieur commercial : « Avec ce logiciel, vous allez diviser vos coûts de gestion commerciale par trois. »
- Le technico-commercial : « Cet outil de production va réduire de 14,50 F votre coût de revient unitaire par produit. »

La famille Confort-Souplesse

Ce mobile d'achat répond au désir fondamental de tout un chacun de voir simplifiées ou éliminées les tâches qui l'ennuient.

Dès lors qu'un produit ou service facilite la vie d'un individu, il répond au besoin de confort.

Le « client confort » veut qu'on lui parle de simplicité d'utilisation, dépannage sur site, facilité de paiement, livraison comprise, conseils fournis, etc.

Il appréciera tous les aspects « confortables » de votre offre : plus pratique, plus rapide, plus de choix, plus silencieux, etc.

Exemples

— « Cet automate de connexion automatique accomplira à votre place le travail fastidieux de connexion au serveur central. »
— « Quand vous travaillez dans l'urgence et que vous ne voulez pas perdre de temps en attentes inutiles au restaurant, ce numéro de téléphone vous fera gagner du temps. Sur un simple coup de fil, votre repas vous est livré dans la demi-heure. »
— « Avec ce piano électrique, vous pouvez jouer au casque et n'être entendu que de vous. Plus de voisins furieux que la musique dérange. »

La famille Orgueil-Reconnaissance

L'achat d'un ordinateur personnel, d'une automobile ou d'une formule de vacances, pour ne prendre que ces exemples obéit souvent à des motivations irrationnelles, de type besoin de reconnaissance. Il s'agit ni plus ni moins que d'affirmer son statut social.

Si les commerciaux sous-estiment souvent ce mobile d'achat, c'est parce que les prospects le passent sous silence. En effet, nul client ne demandera à son vendeur : « valorisez-moi » ou encore « j'aimerais pouvoir impressionner favorablement mon entourage ».

Le « client-orgueil » souhaite entendre parler d'originalité, d'image de marque, de privilèges exclusifs, de respect et de reconnaissance par ses pairs.

La famille Loisir-Plaisir

S'amuser et prendre du plaisir font partie des motivations d'achat au même titre que la sécurité ou l'argent. Outre le marché du loisir et des plaisirs (tourisme, jeux, etc.), une fantaisie, un gadget ou la particularité ludique d'un produit peut constituer un avantage concurrentiel décisif : c'est le succès du Macintosh d'Apple, des montres Swatch, de la Renault Twingo ou de la carte à puce.

Au « client loisir » il faut parler de convivialité, de détente, d'amusement. C'est aussi ce client qui s'attachera le plus facilement à un vendeur sympathique et chaleureux. Parfois même, il lui passe commande pour lui faire plaisir !

Ainsi, pour rédiger un argument, vous pouvez solliciter une, voire plusieurs des composantes de SACOL (la rédaction de l'argument est expliquée plus loin). Pour tel acheteur, l'appât se composera d'une mixture de Sécurité et d'Argent, pour tel autre, seul le Confort fera de l'effet, tandis qu'un troisième ne vous suivra qu'à la condition de lui faire miroiter la reconnaissance de son entourage.

Quant à savoir quel argument employer au cours de la négociation, c'est la découverte préalable des besoins qui vous fournira la réponse. Pour l'heure, voici comment confectionner un argument.

Élaboration et mécanisme de l'argument

Tout d'abord, rendons à César ce qui lui revient. La technique de l'argument m'a été confiée par Jean Chavet, un vendeur de génie, aujourd'hui directeur général opérationnel des sociétés Vania/Eutima du groupe Kaysersberg. L'argument est un raisonnement destiné à prouver ou à réfuter une proposition. Étymologiquement, « argument » vient du latin *argumentum* qui signifie mettre en avant, prouver. Un argument se compose de quatre éléments.

1 - Affirmation énonçant une promesse SACOL
2 - Question : pourquoi cette affirmation ?
3 - Parce que : la preuve
4 - Donc, l'affirmation est fondée

Développons.

1 - L'affirmation tout d'abord

Elle doit énoncer un avantage pour le client. L'avantage constitue la pierre angulaire de la bonne affirmation. L'avantage, c'est ce qui va intéresser votre prospect, c'est une promesse (tenant compte de la méthode SACOL) qui va lui rapporter quelque chose.

Exemple

> « Avec cette cure de gelules, vous êtes sûr de mieux dormir. » [*Promesse de confort.*]

Attention ! il ne faut pas confondre avantage et point fort. Le point fort est une caractéristique du produit qui le distingue des autres produits mais qui ne contient aucune promesse et ne répond en rien aux attentes du prospect.

Exemple

> « Ce produit est très riche en acide gamma-linolénique et contribue ainsi au bon équilibre des prostaglandines. »
> Hormis le snobisme attaché parfois à l'utilisation d'un vocabulaire scientifique, l'acheteur n'en a cure. Encore une fois, ce qui l'intéresse, c'est ce que le produit lui apporte, en l'occurrence combattre efficacement le vieillissement de la peau.
> *Avantage :* combat efficacement le vieillissement de la peau.
> *Point fort :* riche en acide gamma-linolénique.

2 - Question : Pourquoi cette affirmation ?

Il s'agit tout simplement de reprendre l'affirmation pour la tourner dans une forme interrogative. Vous exprimez à haute voix la question que se pose intérieurement le prospect. De ce fait, votre exposé épouse parfaitement le schéma de pensée de votre interlocuteur.

Exemple

« Avec cette tondeuse à gazon, vous ne vous fatiguerez plus. »
[*Affirmation contenant une promesse de Confort.*]
« Pourquoi ce sera moins fatigant ? »

3 - Parce que : La preuve

C'est ici que vous jouez votre crédibilité et que votre professionnalisme se manifeste de la manière la plus magistrale. La preuve est une explication simple, concise, qui s'appuie sur des faits aussi irréfutables que possible afin de démontrer la vérité de vos assertions. La meilleure définition est sans doute celle que nous donne Descartes : « Ne recevoir jamais aucune chose pour vraie que je ne connusse évidemment être telle » (René Descartes, *Discours de la méthode*). S'il existe des dizaines de façons de prouver une affirmation, les preuves ne possèdent pas toutes le même pouvoir de conviction. Il faut tenir compte, en effet, d'une véritable hiérarchie des preuves.

Exemple

Considérons un produit quelconque, une crème de soin pour la peau. La vendeuse en pharmacie pourra, dans l'optique de convaincre sa cliente des qualités de son produit, développer plusieurs types de preuve :
— La preuve sociale : « Cette crème de soin est la plus vendue à l'heure actuelle. »
— La référence : « C'est cette crème qu'utilise Isabelle Adjani. »
— L'article de presse : « Cette crème est plébiscitée dans cet article de *Marie-claire*. Tenez, lisez-le. »
— La presse réputée impartiale (journal de consommateurs) : « Dans ce test comparatif, cette crème se place en première position. »
— L'analyse d'un laboratoire indépendant : « Comme vous le démontrent ces travaux du Laboratoire national d'étude cosmétologique, les effets de la crème X sont plus efficaces et plus durables. »
— La preuve démonstrative : « Voici les photos d'une cliente avant et après 15 jours d'utilisation. Efficace, n'est-ce pas ? »
— La démonstration participative : « Voici un échantillon. Essayez donc cette crème et vous verrez ! »
— La récompense : « Cette crème a reçu le prix du produit cosmétique de l'année, prix décerné par un jury composé d'esthéticiennes et de dermatologues indépendants. »

Il va de soi que toutes ces preuves n'auront pas le même impact sur la cliente. Certaines lui paraîtront relever davantage de l'affirmation gratuite, voire de la manipulation, tandis que d'autres la convaincront définitivement ! Dans cet exemple, la preuve démonstrative lui fera peut-être soupçonner un trucage, tandis que l'article de presse amènera l'objection suivante : « les journalistes ne sont pas dermatologues et leurs appréciations sont superficielles. » En revanche, ces deux preuves se trouveront très consolidées si elles sont assorties, l'une des coordonnées téléphoniques de la cliente pour vérification, et l'autre, de la caution apportée par un professeur de médecine qui aurait collaboré à la rédaction de l'article.

Chaque vendeur ou service marketing/vente prendra donc soin de rassembler les preuves les plus tangibles possibles de la qualité ou de la performance des produits et services qu'il commercialise.

Sont considérés comme des preuves ou éléments de preuve :
— les démonstrations, échantillons, maquettes, prototypes ;
— les rapports d'experts, analyses de laboratoires, attestations d'huissiers, statistiques officielles ;
— les prix et récompenses diverses, homologations, agréments et brevets ;
— les engagements contractuels, articles de loi ;
— les articles de presse, références, témoignages de satisfaction ;
— les photographies, plans, graphiques, schémas, films.

Exemple

> « Cette méthode de vente vous garantit un accroissement de votre volume de vente » (affirmation ; promesse d'argent).
> « Pourquoi l'augmentation de votre chiffre d'affaires est-elle une certitude ?
> « Parce que cette méthode s'appuie sur l'expérience et le savoir-faire de plusieurs vendeurs reconnus comme étant les meilleurs de France dans leur catégorie. »

4 - Conclusion : Donc, l'affirmation première était fondée

L'argument s'achève par une conclusion, qui reprend et confirme l'exactitude de l'affirmation première.

Exemple

« En achetant cette encyclopédie, vous ne prenez aucun risque en cas d'insatisfaction » [*promesse de sécurité*].
« Pourquoi n'avez-vous rien à craindre ? »
« Parce que si, par extraordinaire, vous n'étiez pas satisfait de votre encyclopédie, il vous suffirait de nous la retourner pour être intégralement remboursé, sans discussion. On s'y engage par contrat. »
« Donc, vous voyez, vous ne prenez aucun risque. »

Cependant, comme nous l'évoquions précédemment, la majorité des argumentaires commerciaux se présentent sous la forme d'un catalogue d'avantages et de points forts.

Exemple

Argumentaire pour un aspirateur :
- débit d'air maxi : 54 l/s;
- le taux de panne moyen est inférieur à celui de tous nos concurrents;
- la puissance est de 1 000 W-220 V;
- la citerne peut contenir jusqu'à 20 litres;
- dépression maximale : 2 500 mm à la colonne d'eau;
- poids : 7,2 kg, longueur du câble d'alimentation : 10 m.

Avant toute démonstration ou exposé, il convient de remettre l'argument en forme : affirmation, pourquoi, parce que, donc. À défaut de procéder ainsi, votre interlocuteur n'aura pas le temps de suivre et d'assimiler votre exposé. Il peut même ne pas le comprendre et éprouver le sentiment désagréable que vous affirmez sans prouver.

De même, ne vous formalisez pas des redondances qui éventuellement se produisent à l'intérieur de l'argument. Il faut répéter, rabâcher pour bien mémoriser, pour « fixer le clou ». Voyez comme les slogans publicitaires vous martèlent l'esprit à coups de répétitions. Étudiez par exemple les spots publicitaires de la société Procter & Gamble, ces rois du marketing (et accessoirement de la couche-culotte), vous pourrez y entendre plus de dix fois le mot « Pampers ». Veuillez croire que ce n'est pas par hasard. La mémorisation naît de la répétition. Dans notre dernier argument, le client s'entend dire à trois reprises « vous ne prenez aucun risque » et la preuve lui en est fournie. C'est dans l'acte d'achat que le prospect concrétisera son souvenir persistant (car bien ancré avec notre argument) des qualités du produit ou de la satisfaction qu'engendrera son acquisition.

À présent, voici quatre exemples probants d'arguments empruntés à quelques vendeurs d'élite, pour vous assurer de votre parfaite compréhension des mécanismes de l'argument.

Exemples

• *Le vendeur de produits en gros* (le client hésite à passer commande de peur de ne pas écouler sa marchandise)
« Si vous prenez cet article, vous pouvez être certain de tout vendre avant 10 jours. [*Promesse d'argent.*]
Pourquoi vous vendrez tout ?
Parce que votre concurrent, la société Delta, m'en a pris 3 cartons de 12 avant-hier, et il vient de m'en reprendre 6 cartons tant il en vend. Tenez, voici le bon de commande qu'il m'a signé.
Donc vous voyez, vous pouvez être sûr de tout écouler. »

• *Le vendeur de maisons individuelles*
« Vous n'avez pas à vous inquiéter pour votre facture de chauffage, toutes les maisons Lavidechato sont pourvues d'une isolation exceptionnelle. [*Promesse de confort.*]
Pourquoi nos maisons sont si bien isolées ?
Parce que les murs sont en béton cellulaire, le plus isolant de tous les matériaux. Tous les professionnels de l'isolation vous le confirmeront. Au niveau du toit, c'est de la laine de verre compressée et toutes les fenêtres sont pourvues d'un double vitrage thermique.
Donc vous voyez, avec une telle isolation, vous allez vraiment faire des économies sur votre facture d'électricité. »

• *Le vendeur conseil de produits financiers*
« En plaçant votre argent en dépôt à terme, vous êtes sûr à 100 % du rendement de votre investissement. [*Promesse de sécurité et d'argent.*]
Pourquoi le retour sur investissement est une certitude ?
Parce que le montant de l'intérêt que vous toucherez à l'issue du placement est garanti par contrat, au centime près.
Donc, pas de risque lié aux fluctuations des marchés, la rentabilité est certaine. »

• *Le vendeur de voitures*
« Dans une Brizlair XT5, vous avez deux fois plus de chances de sortir indemne d'un choc frontal avec un autre automobiliste. [*Promesse de sécurité.*]
Pourquoi serez-vous mieux protégé ?
Parce que grâce à sa coque à déformation programmée, l'habitacle et ses occupants sont bien mieux préservés. Les "crash-tests" de ce film vous en convaincront.
[*Quelques minutes plus tard, après visualisation du film.*] Donc vous voyez, dans un tel véhicule, vous roulerez plus serein ! »

En conclusion, composez quelques arguments relatifs aux qualités de votre produit (ou de votre offre), et apprenez-les par cœur. Pour frapper l'esprit de votre vis-à-vis et emporter la commande, il vous suffira de les appliquer — ou d'en sélectionner un — en le(s) faisant correspondre au(x) besoin(s) diagnostiqué(s) lors de la phase de découverte !

La présentation du produit (l'argumentation proprement dite)

La présentation du produit/service s'inscrit dans la continuité du processus de découverte des besoins.

Poursuivons notre stratégie initiale. Le besoin est maintenant reconnu. L'argument peut sortir de sa tanière ! Bien entendu, il s'agit d'utiliser précisément le ou les arguments qui répondent au(x) besoin(s) exprimé(s).

Mais passer de l'identification du besoin à l'argument nécessite une phrase de transition. Puisque vous reprenez l'initiative du dialogue, essayez de tenir en haleine le prospect afin qu'il ait envie de vous écouter jusqu'au bout.

Exemples

« Compte tenu de vos besoins, ce que je vais vous montrer va vous intéresser, en effet... »
ou encore :
« Puisque vous désirez (énoncer le besoin reconnu), vous allez être comblé... »

L'argument ou la démonstration argumentée apparaît logiquement après la transition. Et puisqu'une image vaut mille mots, illustrons par l'exemple la procédure à suivre et reprenons la suite de l'entretien de vente des stands de salon.

Exemple

> « ... Puisque vous recherchez un outil de prospection qui puisse vous garantir des clients pour moins de 440 francs, je pense que vous allez être ravi. Vous savez que nous sommes les organisateurs du salon Delta, qui rassemble chaque année tous les professionnels de la protection des particuliers.
> Ainsi, pour vous, être présent à ce salon, c'est la formule la plus efficace pour contacter de nouveaux clients.
> Pourquoi le salon Delta est-il l'outil de prospection le plus économique ? Parce que si l'on se réfère à l'année dernière, nous avons reçu 4 832 visiteurs. À l'issue de la manifestation, nous avons interrogé tous les exposants sur les résultats de leur prospection commerciale. Ce sondage a révélé que chaque exposant avait réalisé en moyenne 148 contacts utiles (visiteurs intéressés). Étant donné que le prix d'un stand de moyenne surface est de 35 000 francs, cela fait 236 francs du rendez-vous. Pour vous ce serait encore plus rentable qu'un bon mailing.
> Donc vous voyez, en étant présent au salon Delta, vous pourrez réaliser une campagne de prospection particulièrement efficace. D'ailleurs, c'est pour les mêmes raisons que chaque année nos exposants reviennent. »

La technique de l'argument est simple et puissante. Vous voyez qu'il n'est pas nécessaire d'en faire trop ; un, voire deux arguments utilisés à bon escient suffiront à persuader votre interlocuteur.

Que l'on pardonne mon insistance : il est fondamental de comprendre que l'argumentation qui emportera la vente est celle qui correspond au(x) seul(s) besoin(s) dégagé(s) par la phase de découverte. Tout ceci peut sembler évident et banal au premier abord. Malheureusement, l'observation quotidienne des comportements commerciaux en situation de vente nous démontre souvent le contraire. Combien de fois vous êtes-vous trouvé face à un vendeur qui, pour tenter de vous convaincre, avançait des arguments qui ne correspondaient pas à vos préoccupations ?

Parce qu'il dispose de plusieurs arguments, le vendeur croit souvent — à tort — qu'en les exposant tous il augmentera ses chances de vente. Nous savons combien il est tentant de vider notre carquois en décochant toutes nos flèches et de développer tous nos arguments. Pourtant, mieux vaut s'en abstenir. En effet, la situation que nous allons décrire vous est peut-être déjà arrivée. Vous êtes en présence d'un vendeur qui voudrait vous faire acheter son produit. Au bout de quelques minutes, vous voilà conquis. C'est alors que le commerçant, percevant votre intérêt, redouble d'ardeur démonstrative et assène de nouveaux arguments. Or ces derniers, au lieu d'emporter votre adhésion, instillent en vous le doute, un certain flottement, voire vous font soupçonner un aspect négatif de l'offre qui vous avait échappé. Le charme est rompu. Tandis que le vendeur poursuit son exposé, votre inquiétude grandit et vous voilà bientôt convaincu de renoncer à votre achat, alors que vous auriez sûrement fait l'acquisition du produit si le vendeur avait eu la langue moins bien pendue !

Supposons, par exemple, que vous ayez envie d'apprendre à piloter un avion de tourisme. Dans votre quête du meilleur club, deux mobiles vous tiennent à cœur : la sécurité et le plaisir ! Renseignements pris par téléphone, le responsable du club vous convainc assez facilement de vous inscrire pour le prochain stage. Puis, dans le même élan, il vous précise que le professeur est un ancien pilote de chasse (croyant par là satisfaire un supposé besoin d'orgueil). Mais de votre côté, vous songez aussitôt : « Je veux simplement prendre du plaisir et m'amuser, moi. Avec un tel professeur, le stage risque d'être intensif et trop technique. » Enfin lorsque, supposant qu'ainsi il fera s'envoler vos dernières hésitations, votre vendeur vous assènera son argument massue : « et en plus nous sommes très bon marché », il perdra définitivement la vente car vous penserez aussitôt qu'une telle tarification doit se faire au détriment de l'entretien du matériel.

N'oubliez donc jamais que les meilleurs arguments sont ceux qui s'appliquent étroitement aux besoins du prospect et à ceux-là uniquement.

Enfin, pour donner davantage de poids à votre argumentation, pensez à faire participer votre prospect en faisant appel à ses perceptions. Donnez-lui les échantillons à toucher, faites-lui sentir ou goûter votre produit si celui-ci le permet.

Présentez-lui des images, des photos et graphiques. Ces recommandations sont tout à fait scientifiques : nous retenons 10 à 20 %

de ce que nous entendons, 50 % de ce que nous voyons et entendons, 80 % de ce que nous voyons, touchons et entendons.

Vérifiez-le vous-même. De ces trois publicités pour une marque de jus d'orange, laquelle vous fait le plus d'effet :
— un spot radio, publicité purement auditive ?
— une publicité télévisée qui vous montrera la cueillette des oranges en Espagne sur fond de musique classique ?
— une publicité sur le lieu de vente avec un vendeur-démonstrateur qui vous mettra une orange dans une main et dans l'autre le jus à siroter ?

Un de mes amis conseiller en marketing fut un jour contacté par un fabricant de sorbets qui se désespérait de voir son volume de vente stagner, en dépit de produits d'une qualité exceptionnelle. L'intervention du consultant, qui devait effectuer une étude approfondie sur un mois, s'achevait au bout d'une semaine... Et le doublement du chiffre d'affaires se produisit dans les jours qui suivirent. En accompagnant les représentants dans leurs tournées de prospection chez les restaurateurs, glaciers et autres commerçants, notre consultant put constater que les vendeurs maîtrisaient parfaitement leur argumentaire et que les documents commerciaux étaient d'une qualité rare : les coupes glacières aux fruits exotiques, par exemple, étaient présentées sur fond de plages des Caraïbes... Les produits du catalogue, d'une saveur exquise, réunissaient harmonieusement des parfums inhabituels que cette société était la seule à proposer. Tous les ingrédients commerciaux pour réaliser de belles ventes étaient rassemblés là. Sauf... l'étincelle, c'est-à-dire le produit lui-même, ou des échantillons permettant aux acheteurs de le goûter. Tous les vendeurs furent équipés d'une glacière contenant un échantillon de chaque parfum. Quand les yeux du prospect brillaient en contemplant la photo d'une Brésilienne savourant le sorbet vanille/noix du brésil, le vendeur sortait aussitôt l'échantillon pour dégustation ! Les commandes ne tardèrent pas à enregistrer une montée en flèche.

La présentation des prix

La présentation des prix est vécue comme un calvaire par beaucoup de vendeurs. Ils redoutent ce moment, alors qu'il est l'étape la plus « tranquille » de l'entretien de vente. Je parle bien de présentation et non de négociation des prix (laquelle est plus délicate et fait l'objet d'un sous-chapitre complet). Simplement, la présentation des prix obéit à quelques règles très strictes que le vendeur s'efforcera de respecter chaque fois que son produit ou sa direction le lui permettra.

Tout d'abord, quelques conseils concernant la mise en forme du prix :
— Un prix ne doit jamais être rond ! Si vous disposez de quelque latitude dans la fixation des prix, soyez précis, sachez qu'un produit à 1 000, 50 000 ou un million de francs est suspect. Non seulement il peut traduire une tarification « à la louche », ou pire, au hasard, mais ce qui est plus dangereux encore, un chiffre rond se prête facilement à la négociation. *A contrario*, au vendeur qui annonce que « le prix est de 12 543 francs », nul n'a envie de répondre « vous me le faites à 10 000 francs et je suis preneur ». La précision du chiffre laisse présager que sa mise au point a fait l'objet de calculs rigoureux et qu'il ne peut être discuté.
— Autant que faire se peut, présentez vos tarifs sous la forme d'un document imprimé. Une grille tarifaire à double entrée imprimée, par exemple, dissuadera plus facilement les acheteurs de négocier. En faisant imprimer en offset un document tarifaire, vous institutionnalisez vos prix et leur conférez un caractère quasi définitif et non négociable. Gageons que cela n'empêchera pas certains négociateurs irréductibles de vous réclamer une remise mais, statistiquement, vous aurez moins de négociations à engager si, pour présenter vos prix, vous sortez un document imprimé. D'aucuns appellent cela le « pouvoir de la légitimité ».
— S'il est deux mots du langage courant qu'un vendeur doit absolument effacer de sa mémoire, il s'agit bien des mots « dépense » et « coût ». Ne dites plus « cela vous coûtera... » ou « il vous faudra prévoir une dépense de... ». Préférez à ces formules le mot « investissement ». « Dépense » et « coût » induisent une notion de débours, d'argent qui disparaît à jamais sans espoir de retour. Pas très motivant. La notion d'investissement, elle, sous-entend celle de... retour sur investissement, tellement plus engageante.

N'est-il pas plus encourageant de s'entendre déclarer : « Il vous faudra prévoir un investissement de 6 000 francs pour apprendre la lecture rapide », plutôt que : « il vous en coûtera 6 000 francs pour recevoir notre formation à la lecture accélérée ». ?
— Un autre conseil de mise en forme consiste à présenter le prix sous son angle le plus favorable, c'est-à-dire celui qui le fera paraître le plus petit possible, afin qu'à son annonce le prospect voie autre chose qu'un couperet s'abattant sur son portefeuille. Minimiser un prix est chose aisée car il existe de nombreux artifices pour y parvenir.

Fractionner le prix en unités acceptables

Exemple

> « Un panneau publicitaire de dix mètres de long sur un mètre de large vous reviendra à 160 000 francs pour la durée du match. Sachant que la chaîne qui retransmet le match prévoit huit millions de téléspectateurs, votre investissement s'élèvera à 2 centimes par personne pour faire connaître votre marque. »

Annoncer un prix en monnaie de singe connue

Exemple

> « 188 francs par mois pour être couvert contre le risque d'incendie. C'est-à-dire que pour le prix d'un déjeuner au restaurant, on vous rembourse de tout en cas de sinistre. »

Vous pouvez également annoncer un prix en paquets de cigarettes, en places de cinéma, etc. Évitez le fer à repasser ou la plaque d'égout, peu de gens connaissent vraiment son prix. Grâce à ce procédé, l'acheteur va mémoriser un petit nombre (1 dans notre exemple, au lieu de 188) associé à une unité qu'il sait financièrement abordable (le repas au restaurant, le cinéma, etc.). Par transitivité, le prix total semblera plus accessible.

Étalez le prix sur la durée de vie présumée du produit

Exemples

> « 3 500 francs cette literie. Sachant que la durée de vie d'un matelas est d'une dizaine d'années, soit 3 650 nuits, cela vous reviendra à moins d'un franc la nuit pour dormir tranquille en préservant votre dos ! »

> *Le vendeur :* « Pendant combien de temps pensez-vous utiliser votre prochain bureau ? ».
> *L'acheteur :* « 5 ans, cela me paraît suffisant, après j'aurai peut-être envie de changer de mobilier. »

> *Le vendeur :* « Le bureau qui vous plaît en catalogue fait 4 660 francs, ce qui, rapporté sur 5 ans, fait 2,50 francs par jour. Avouez que ce n'est pas grand chose pour un meuble que vous utiliserez tous les jours. Et si l'on considère qu'au bout de 5 ans vous pourrez le revendre d'occasion, on se situe en dessous de 2 francs par jour ! »

Quand votre produit le permet, tâchez de vous associer les services d'un organisme de crédit, afin de présenter le prix sous forme de mensualités attrayantes. Les vendeurs de voitures, par exemple, se sont fait les champions du financement. Certaines publicités affichent même, en guise d'accroche, le montant des mensualités en caractères géants. Ce qui, dans ce contexte, fait presque penser qu'il s'agit du prix du véhicule !

Ces quelques conseils de forme étant réglés, nous pouvons maintenant examiner la présentation des prix proprement dite.

La majorité des vendeurs ne savent pas vendre leurs prix. Ils se contentent de les annoncer, sans autre commentaire, et s'étonnent de ne pas trouver la réussite au rendez-vous. Malheureusement pour eux, un prix, seul, ne signifie rien, c'est l'avantage qu'il confère qui lui donne sa dimension. Un ordinateur à 10 000 francs, cela ne veut rien dire. Une voiture à 100 000 francs n'a pas plus de signification. Certes, il se vend aujourd'hui des millions de véhicules de par le monde sans qu'il soit besoin de développer des trésors d'argumentation. Cela s'explique par le fait que les gens ont aujourd'hui assimilé les avantages que leur procure la possession d'un véhicule, en termes de confort, d'orgueil, etc. En revanche, essayez de convaincre un patron de PME d'informatiser son entreprise, quand il travaille depuis vingt ans sans ordinateur. Vous pouvez vous présenter avec les prix les « moins chers du monde », l'acheteur n'en aura cure tant que vous ne lui aurez pas fait prendre conscience des bénéfices qu'il pourra tirer de l'informatique. Songez qu'en leur temps, les inventeurs du téléphone ou du photocopieur ont rencontré les plus grandes difficultés quand il s'est agi de vendre leur découverte : personne n'en voyait l'utilité, donc personne n'en voulait.

Pour toutes ces raisons, le prix doit toujours être accompagné de son frère jumeau l'avantage, avec lequel il forme un binôme indissociable. L'un fait la mèche, l'autre la poudre. L'avantage, pour déployer sa pleine puissance, doit être traduit en termes de gain ou d'économie. Il constituera la réponse aux besoins du prospect... D'où l'importance de la phase de découverte des besoins. Nous le constatons une fois de plus, les phases de la vente s'enchaînent et se recoupent. L'entretien de vente se compose d'une succession d'étapes interdépendantes. Aussi la présentation des prix ne peut-elle être efficace que si les étapes qui la précèdent ont été convenablement menées.

Dans ces conditions, la présentation des prix ou plus exactement du couple avantage/prix peut être amenée de différentes manières (selon votre produit, ses avantages, le contexte dans lequel se déroule l'entretien ou encore votre préférence pour une méthode plutôt qu'une autre). Selon le cas, vous choisirez de :

Noyer le prix dans l'avantage

Exemples

« Compte tenu des désirs que vous avez exprimés, il faudra prévoir un investissement de 352 840 francs pour devenir propriétaire de ce superbe studio situé à 60 mètres de la plage. »
« Pour protéger votre véhicule contre le vol, il faut compter 1 530 francs, et avec ce procédé, vous êtes sûr de faire échec aux voleurs. »

Relativiser la dépense

Un avantage qui peut s'exprimer en termes de gain ou d'économie d'argent permet d'amoindrir considérablement l'importance d'une dépense.

Exemples

« Vous dites que vous faites estamper environ 10 000 plastiques par mois et que votre sous-traitant vous prend 1,50 franc par estampage. En fait, cela vous revient à 180 000 francs par an. Or, notre machine d'embossage coûte 100 000 francs. Si vous la prenez, au bout d'un an, non seulement elle ne vous aura rien coûté, mais en plus vous aurez économisé 30 000 francs ! Et l'année d'après, c'est tout bénéfice pour vous. »

« En moyenne, après l'intervention d'une de nos décoratrices-étalagistes diplômées, le chiffre d'affaires d'une boutique augmente de 15 % pendant les 10 jours qui suivent son passage. Vous me dites que vous faites 6000 francs de recette par jour en moyenne. Au total, cela vous fera donc 9000 francs de recette en plus. Sachant que l'intervention d'une décoratrice étalagiste est de 1700 francs au forfait, vous y gagnerez largement. »

Argumenter le prix

Lorsque le prix d'un produit/service constitue un avantage réel et qu'il répond à un besoin reconnu du prospect (acheter le moins cher possible dans le cadre d'un budget limité, par exemple), il doit faire l'objet d'une présentation argumentée (selon les règles de mise en forme des arguments étudiées plus haut).

Exemple

« Ce canapé en cuir à 12850 francs est une véritable affaire, vous ne trouverez pas moins cher !
— Pourquoi c'est une aubaine ?
— Parce que nous réalisons actuellement une opération promotionnelle « Prix coûtant sur tous les canapés en cuir », et celui-là est le dernier qu'il me reste à ce prix dans cette qualité. Tenez, l'ancienne étiquette est encore dessus, elle marque 18630 francs.
— Donc vous voyez, en prenant ce canapé, vous faites une excellente affaire. »

Attention ! Excepté le dernier cas (pour lequel le prix est un argument de vente), il ne faut jamais présenter les prix avant d'avoir mené l'argumentation à son terme et convaincu le client. Ce dernier doit savoir précisément ce qu'il obtiendra en contrepartie du paiement. Sachez que pour un client, l'action de payer est souvent perçue comme un sacrifice. Le prix lui semblera d'autant plus élevé qu'il n'aura pas pris suffisamment conscience de l'intérêt de l'offre qui lui est faite. Il est donc capital, en entretien de vente, de retarder le plus possible la négociation autour du prix, jusqu'à ce que l'intérêt du prospect soit manifeste. Au client qui réclame les prix prématurément, le vendeur répondra : « Permettez-moi de terminer ma présentation, comme cela, lorsque je vous communiquerai les prix, vous saurez exactement à quoi cela correspond. »

Rappelez-vous simplement que le prix est à la vente ce que les dernières minutes d'un film sont au cinéma : le dénouement de l'affaire... Le connaître avant l'heure brise le charme et diminue l'intérêt.

LE TRAITEMENT DES OBJECTIONS

Il était une fois un vendeur extraordinaire, tellement convaincant qu'il décrochait tous les contrats sans qu'aucun acheteur lui oppose la moindre résistance. Si cette histoire débute comme un conte de fées, c'est qu'il s'agit précisément d'un conte de fées. Ce vendeur n'existe pas, sinon dans l'imaginaire de ceux qui croient aux miracles. Il est des légendes tenaces !

Pour avoir côtoyé, interviewé et suivi en rendez-vous la fine fleur des vendeurs, je puis vous affirmer que tous se heurtent, en permanence, au régiment des objections. À ce sujet, je voudrais livrer ici quelques réflexions qui m'ont été confiées par le maître vendeur Jean Saint-Mleux :

> « *La résistance à l'acte d'achat est chose normale car acheter signifie payer et, d'instinct, le prospect même convaincu d'emblée se jugerait déconsidéré si, avant de se rendre, il ne livrait pas bataille, pour la forme. C'est un "baroud d'honneur" en quelque sorte, pour satisfaire sa conscience professionnelle.* »

Les vendeurs considèrent en général l'objection comme un obstacle jeté par l'acheteur en travers du chemin de la vente. Les meilleurs vendeurs, eux, la considèrent comme un véritable stimulant, estimant qu'elle est la preuve de l'intérêt du client pour leur offre. D'ailleurs, certaines objections sont tout simplement des signes avant-coureurs de l'acte d'achat (*cf.* : « Quand conclure ? »)

À propos, savez-vous quels prospects les vendeurs expérimentés redoutent le plus ? Ce sont les acheteurs muets, impénétrables, qui laissent parler le vendeur sans jamais manifester la moindre émotion. Comment convaincre quelqu'un qui n'émet aucune remarque, aucune critique, mais qui n'est pas acheteur pour autant ? Autant combattre une armée invisible.

Un obstacle dans l'obscurité est difficile à franchir. Pour le surmonter, il faut le placer en pleine lumière. Cette constatation s'applique parfaitement à la vente : le vendeur doit distinguer précisément les obstacles (les objections) qui encombrent son chemin. Pour les identifier, il n'existe d'autre moyen que de questionner le prospect, en lui demandant une réponse sincère.

La réfutation des objections nécessite de la part du vendeur un respect à toute épreuve du « moi » sensible et susceptible du prospect. Il est atterrant de constater combien de vendeurs enfreignent cette règle d'or du commerce : « le client a toujours raison ». Je suis abasourdi d'entendre certains vendeurs opposer aux objections des « vous avez tort » péremptoires, faisant fi de la plus élémentaire règle de la diplomatie qui consiste à laisser une porte de sortie honorable à son adversaire, lorsque ses torts sont établis. Un individu auquel on administre la démonstration de ses torts résistera d'autant plus violemment qu'il percevra les preuves de son erreur comme un affront à son intelligence. Il réagit ainsi pour sauvegarder sa dignité et son amour-propre.

Mais alors, comment faire entendre raison à un prospect qui se retranche dans l'erreur ? Tout simplement, en lui expliquant qu'il avait raison jusqu'à ce qu'un élément nouveau, qu'il ne pouvait connaître, vienne modifier les données du problème, ou encore en imputant la cause de l'erreur à ses sources d'information et non à lui-même. La meilleure réfutation est celle qui prendra la forme d'un échange d'idées entre deux personnes intéressées par un même sujet ; elle ne devra jamais tourner au débat passionnel, car celui-ci ne tarderait pas à se transformer en dialogue de sourds et de manchots, car le prospect ne prendra certainement pas son stylo pour signer la commande.

Pour toutes ces raisons, il est indispensable que le vendeur apprenne à reconnaître les différents types d'objection, afin de leur opposer la réfutation appropriée. En effet, toutes les objections possibles appartiennent à l'une des trois familles suivantes : les objections « fausse barbe », les objections tactiques et les objections sincères, chaque famille appelant une réfutation spécifique qu'il importe de connaître.

Les objections « fausse barbe »

Ce sont les objections de principe, sans rapport avec la proposition du vendeur. En général brandies en début de visite, avant même que le vendeur prenne la parole, quand ce n'est pas dès la prise de rendez-vous, elles servent de bouclier à un acheteur désireux de se protéger contre les légions de représentants qui l'assaillent de leurs offres.

Exemples

- Je n'ai pas de temps à vous accorder.
- Merci, je n'ai besoin de rien.
- Les affaires sont difficiles en ce moment, on n'achète plus rien.
- J'ai déjà un fournisseur, je désire lui rester fidèle.
- Ça ne m'intéresse pas.

Lorsqu'il rencontre une objection de principe, le vendeur doit l'interpréter comme un signal d'alarme : le prospect n'est pas encore intéressé par la proposition du vendeur, qui doit d'abord lui vendre l'envie d'écouter ! Dans cette circonstance, le mode de traitement de cette objection ne varie pas et consiste en quelques mots : une phrase contenant une promesse « massue » (un avantage, comme expliqué dans le sous-chapitre sur l'entretien de vente). Quand la règle de la promesse ne peut s'appliquer (par exemple : « j'ai déjà un très bon fournisseur »), on fournit une réponse « prêt-à-réfuter » que l'on aura pris soin de préparer auparavant. Plusieurs exemples types de traitement d'objections « fausse barbe » sont proposés plus loin (*cf.* « Traitement des objections classiques »).

D'une manière générale, il faut savoir qu'une objection « fausse barbe » dissimule souvent le véritable motif du refus. Le vendeur-grossiste qui se voit opposer un « Merci nous n'avons besoin de rien » doit lire en filigrane « Nous ne vous connaissons pas, nous craignons d'acheter des produits qui ne se vendront pas. »

Dans tous les cas, le bon vendeur accueillera l'objection « fausse barbe » comme une invitation à poursuivre son exposé, après avoir déjoué la manœuvre par une réponse appropriée ou une promesse qui donnera envie à son interlocuteur d'en savoir davantage.

Les objections tactiques

On les rencontre fréquemment chez les acheteurs professionnels qui ont appris l'art d'acheter, comme d'autres ont appris celui de vendre. Le rôle de ces objections est double :
— mettre intentionnellement le vendeur en état d'infériorité pour en obtenir des avantages (rabais, remises, conditions de règlement, etc.) ;
— éprouver ses qualités avant de lui faire confiance.

Les objections tactiques peuvent revêtir des formes très variées.

Exemples

- Mauvaise humeur de l'acheteur, silence persistant, mauvaise foi.
- Repli derrière la décision d'un supérieur.

Certaines sont classiques :

- « Votre concurrent me fait moins cher. »
- « Je vous en propose tant. C'est à prendre ou à laisser. »
- « Vos concurrents m'offrent ceci si je prends cela... »
- « Vos produits, c'est de la camelote. »

La meilleure contre-offensive consistera, le plus souvent, à ignorer ces objections en enchaînant par un discours qui intéressera le client, ou encore à les démonter par une argumentation implacable (*Cf.* « Traitement des objections classiques ».)

Les objections sincères

L'acheteur invoque un obstacle sincère qui s'oppose à l'achat. Le traitement de ce type d'objection requiert toute l'attention du vendeur qui doit émettre une réponse pertinente. Pour ma part, je considère que là se situe le moment le plus passionnant du métier de vendeur, car il lui permet de pratiquer cet art millénaire et subtil qu'est la dialectique.

Pour réfuter une objection sincère, plusieurs règles doivent être scrupuleusement observées.

En premier lieu, écoutez le client jusqu'au bout, sans l'interrompre, même si la plupart du temps vous détenez déjà la réponse. Témoignez un vif intérêt pour ce qu'il dit. Souvenez-vous que pour le prospect, le problème ou l'objection qu'il évoque représente ce qu'il y a de plus important au moment où il l'exprime. Vous le valorisez en manifestant votre intérêt pour ses remarques. Combien de vendeurs, là encore, offusquent inutilement leur interlocuteur en interrompant ses objections par des « je vous arrête tout de suite, je sais ce que vous allez me dire ! » ou toute autre remarque malheureuse.

Gardez votre sang-froid, restez calme, évitez les jugements de valeur du type « Vous vous trompez », ou « C'est faux » qui auraient pour effet immédiat de faire se retrancher le prospect dans une position inexpugnable. Préférez toujours les phrases positives : « Je comprends votre point de vue », « Vous évoquez un point important », « Ce que vous dites est très intéressant ». Vous pourrez ensuite vous livrer à une entreprise de démolition de l'objection... Mais cela, toujours en veillant au respect des règles de la diplomatie et de la bienséance.

Toute discussion dans laquelle le vendeur s'efforcerait de tenir tête à son adversaire est vouée à l'échec. L'art de la réfutation impose au vendeur un « doigté dialectique » ; le contradicteur à qui l'on vient de prouver qu'il a tort doit sauver la face.

On a l'habitude de scinder les objections sincères en deux groupes : les objections sincères non fondées (erronées) et les objections sincères fondées. Dans un cas comme dans l'autre, et du point de vue du prospect, l'objection est toujours fondée. Aussi, pour le vendeur, le mode de réfutation sera-t-il toujours le même. Après avoir laissé le client s'exprimer, le vendeur tentera de savoir si l'objection formulée n'en cache pas une autre, et si tous les griefs se sont bien manifestés. Il convient d'insister sur l'importance de cette phase, capitale pour la bonne conduite du processus de réfutation de l'objection sincère.

Se lancer prématurément à l'assaut de l'objection sans s'assurer que toute la teneur de la critique tient dans la formulation qu'en a faite le prospect constituerait une manœuvre hasardeuse. En effet, dans ce cas, le vendeur concentrerait ses efforts sur des leurres tandis que la vraie cible (la véritable objection) demeurerait cachée dans la conscience du client. Tant que le vendeur n'aura pas découvert le mobile véritable du refus, il s'épuisera en vain et ses chances de victoire seront nulles.

Nota

Si les présentes recommandations ne suffisent pas à détecter et mettre au jour l'objection cachée, la technique du pendu, expliquée dans les pages qui vont suivre, constituera la parade absolue contre les non-dits volontaires ou involontaires du prospect.

Exemple

> Une vente ratée par le fait d'un vendeur d'ordinateurs trop pressé (et arrogant de surcroît).
>
> *L'acheteur :* « Les ordinateurs Alpha ne sont pas solides ! »
> *Le vendeur :* « Vous plaisantez, ils sont garantis 2 ans pièces et main d'œuvre. Notre SAV n'a rien à faire de la journée tant les problèmes sont rares. »
> *L'acheteur :* « Peut-être bien, mais je vais réfléchir. »

Dans ce cas, cela sous-entend : « Je ne suis pas convaincu, qu'est-ce qui me prouve que ce vendeur dit la vérité ? De toute façon, je n'ai pas envie de donner mon argent à un vendeur condescendant qui me prend pour un plaisantin. »

Exemple

La même vente, réussie par le fait d'un vendeur attentif, courtois et professionnel.

L'acheteur : « Je ne peux pas me permettre d'acheter votre ordinateur, votre marque n'a pas une réputation de solidité. »
Le vendeur : « Qu'est-ce qui vous fait dire cela ? »
L'acheteur : « Eh bien, mon associé en avait un dans son bureau et il n'arrêtait pas de s'en plaindre : quand l'écran ne tombait pas en panne, c'était l'alimentation qui chauffait, etc. Aujourd'hui, l'informatique a pris une trop grande place dans mon travail pour que je vive dépendant d'un service après-vente. »
Le vendeur : « Je comprends tout à fait, monsieur Duracuir. Cependant, pouvez-vous me dire à quand remonte l'achat de cet ordinateur Alpha par votre associé ? »
L'acheteur : « Il l'a acheté il y a trois ans, et je peux vous assurer qu'il en a changé depuis. »
Le vendeur : « Ah ! Je comprends mieux maintenant. C'est vrai qu'à l'époque, les ordinateurs Alpha avaient des problèmes. Jusqu'à ce que la société Epsilon, que vous connaissez certainement de réputation, rachète Alpha. C'était il y a 2 ans. Depuis, toutes les usines Alpha ont été transformées et équipées avec les chaînes de montage et les processus de fabrication Epsilon, dont l'obsession est le "zéro défaut". Aujourd'hui, les ordinateurs Alpha sont d'une très haute fiabilité. Tenez, pour vous le prouver, voici un document interne transmis par notre service après-vente qui révèle les statistiques de pannes de machines au cours des 4 dernières années. Vous voyez, le nombre de machines retournées en atelier de réparation a été divisé par 4 alors que le parc de machines installées est 3 fois supérieur à celui d'il y a 4 ans. En fait, depuis 2 ans, lorsque vous achetez un ordinateur Alpha, vous achetez un Epsilon mais en le payant 25 % moins cher parce qu'il ne porte pas le logo Epsilon. Êtes-vous rassuré à présent quant à la qualité de nos ordinateurs ? »

Les objections sincères sont toujours spécifiques et elles appellent une réponse également spécifique. Il n'existe donc pas de réponse « standard » pour ces objections qui seront toujours différentes selon le produit/service vendu. Néanmoins, le simple respect des règles énoncées plus haut conditionne largement la réussite finale. Le second paramètre déterminant dans la parfaite réfutation de l'objection fondée est la maîtrise du produit, voire du marché (d'où l'importance de la culture générale et de la formation du vendeur).

Permettez-moi de vous faire, à l'appui de ce dernier conseil, le récit d'une vente menée avec maestria par Gabriel Bulik, un vendeur exceptionnel que j'ai suivi plusieurs jours durant, et qui illustre on ne peut mieux l'importance de la maîtrise du produit et des composantes du marché dans la réussite des réfutations d'objections sincères. En démarchage direct, sans rendez-vous, nous entrons chez un détaillant qui était manifestement occupé à déballer des cartons ; nous le saluons et la conversation s'engage :

> *L'acheteur :* « Désolé, je n'ai pas le temps de vous recevoir. Comme vous pouvez le constater, je viens de recevoir une livraison et je dois déballer la marchandise. »
>
> *Le vendeur :* « Je vois cela, vous devez être débordé. Ecoutez, je me suis permis de vous rendre visite sans prendre de rendez-vous parce que je voudrais vous présenter un produit d'une qualité exceptionnelle que vous allez vendre comme du "petit-lait". [*Sourd à la fausse barbe, le vendeur fit une promesse forte à laquelle le commerçant pouvait difficilement résister.*] Mais comme je vois que vous avez effectivement du pain sur la planche, cela me ferait plaisir de vous donner un coup de main, comme cela vous serez plus détendu pour discuter. » (Refus de faire la vente entre deux cartons.)
>
> *L'acheteur :* « Non merci, c'est gentil, je m'en occuperai plus tard. Passons à l'arrière-boutique, on sera plus à l'aise dans mon bureau. »

Il s'en est suivi une série de questions/réponses faisant apparaître que le client, bien achalandé, n'avait pas de besoins particuliers, si ce n'est celui de tous les commerçants : trouver des produits nouveaux qui se vendraient encore mieux et des fournisseurs qui consentiraient des marges toujours plus importantes... Or, Gabriel Bulik ne vendait qu'une seule gamme de produits à base de Spiruline (une micro-algue alimentaire aux vertus thérapeutiques exceptionnelles, très prisée des amateurs de produits diététiques), donc peu originaux, et les marges qu'il concédait au détaillant étaient des plus « classiques ». Lors de la présentation du produit, le visage du commerçant commença à s'assombrir. On pouvait presque l'entendre penser :

> « Pour l'instant, il n'y a pas de quoi grimper aux rideaux ! De la spiruline, j'en ai des stocks pleins. J'espère qu'il va au moins m'annoncer un prix à tomber à la renverse. »
> *Le vendeur :* « Voilà, la boîte de 80 gélules, vous la touchez à 35,80 francs. »

C'était effectivement un prix à tomber à la renverse... tant il était supérieur à tous les produits équivalents de la concurrence... On sentit nettement l'air se raréfier, tandis que les sourcils de notre interlocuteur se rejoignaient au-dessus de ses yeux devenus tout petits.

> *L'acheteur :* « Vous rigolez, j'espère ! C'est pour me raconter ça que vous vous êtes dérangé ? Il ne fallait pas vous donner cette peine. La boîte de Spiruline, je la paie 28 francs, et en plus, c'est une boîte qui contient 100 gélules. »

C'est ici que, généralement, le vendeur moyen déclare forfait. Le vendeur hors-pair, lui, ne désarme pas, au contraire, il redouble de professionnalisme. Jugez plutôt.

> *Le vendeur :* « Monsieur Duracuir, pouvez-vous me confier une boîte de gélules de votre Spiruline ? ».
> *L'acheteur :* « C'est pas difficile, j'en ai des cartons pleins, tenez. »
> *Le vendeur :* « Vous avez raison, il y a 100 gélules. Mais elles sont dosées à 250 mg alors que les nôtres font 500 mg. Si nous avions dosé nos gélules à 250 mg, notre boîte contiendrait 160 gélules et non 80. Nous sommes donc moins chers. Mais vous ne pouviez pas savoir et avec tout le travail que vous avez par ailleurs, vous ne devez pas avoir le temps de comparer tous les prix au kilo. »
> *L'acheteur :* « Effectivement, mais c'est toujours bon à savoir. »
> *Le vendeur :* « D'autre part, et c'est ce qu'il y a de plus important, la Spiruline que vous avez est une variété cultivée au Mexique et qui se nomme *Spirulina Maxima.* La nôtre, la *Spirulina Platensis,* est cultivée dans le désert de Californie, à 200 mètres

au-dessous du niveau de la mer, dans des conditions de température et d'hygiène naturelle incomparables, alors que la mexicaine est cultivée à 80 km de Mexico et que la pollution de cette ville se répand au-delà même des bassins de cultures de Spiruline. Résultat, la Spiruline californienne est infiniment plus pure que sa petite sœur mexicaine. Tenez, jugez vous-même ». (Il ouvre une gélule de Spiruline du prospect et répand son contenu sur une feuille blanche, puis il fait de même avec les siennes...) « La différence est frappante, la mexicaine est vert foncé alors que la couleur de la californienne est d'un vert clair éclatant. La clarté de cette Spiruline s'explique par l'absence de métaux lourds, de pesticides et d'agents polluants, que l'autre Spiruline emmagasine dans ses cellules du fait de sa proximité avec le bassin de Mexico. »

Vous constatez qu'à aucun moment le vendeur ne met en accusation le prospect. Il ne dit jamais « Votre Spiruline est mauvaise, par contre, la nôtre... », ce qui aurait pour effet de vexer mortellement le prospect. Au contraire, il en parle avec distance, et sa contre-argumentation ressemble davantage à une simple explication qu'à une réfutation musclée.

Voici la suite :

Le vendeur : « Tenez, j'ai ici les résultats d'une étude effectuée par la très sévère Food & Drugs Administration sur les propriétés de 5 variétés de Spiruline : vous voyez, si vous comparez la *Platensis* à la *Maxima*, vous constatez par exemple que la californienne contient 2 fois plus de chlorophylle, 80 fois plus de betacarotène, et 2 fois plus de protéines.
D'un autre côté, pour ce qui est des toxines, la mexicaine contient 5 fois plus d'arsenic, 4 fois plus de plomb et 20 fois plus de mercure. Les biochimistes considèrent généralement que la Spiruline de Californie est 6 fois plus riche en éléments essentiels que la mexicaine. 6 fois 160 gélules cela fait 960. Donc une boîte de 80 gélules de *Spirulina Platensis* équivaut à 9 boîtes de spiruline mexicaine... Calculs à l'appui, elle revient 7,5 fois moins cher. Pour combattre le stress, les carences alimentaires, la fatigue chronique ou pour donner un coup de fouet, il n'existe aucun produit naturel qui fasse plus d'effet que la *Spirulina Platensis.* Vos clients vont en raffoler.
Ah, j'oubliais, je ne suis pas venu les mains vides, j'ai un petit cadeau pour vous. C'est un livret qui retrace l'histoire et toutes les recherches qui ont été menées de par le monde sur la *Spirulina Platensis.* C'est passionnant ! »

Les sourcils désormais défroncés, le prospect saisit le livret que lui tendait G. Bulik et se mit à le feuilleter... À ce moment de l'entretien, il était évident qu'il n'avait plus en face de lui un vendeur ordinaire. Gabriel Bulik, qui s'était progressivement transformé en vendeur-conseil, était finalement devenu un vendeur-partenaire. La commande fut importante !

Analysons très rapidement les facteurs de succès :
- excellente préparation (connaissance parfaite du produit, de la concurrence, arguments forts, livret-cadeau, etc.) ;
- sang-froid, opiniâtreté (résistance aux fausses barbes...) ;
- réfutation parfaite de l'objection sincère grâce au respect des règles précitées ;
- connaissance des grands principes de la vente (règle de l'avantage, valorisation de l'interlocuteur, découverte des besoins, etc.).

Ce n'est pas un « truc » qui a permis la réussite de cette vente, mais une accumulation de facteurs positifs et la réunion d'un grand nombre de compétences du vendeur. Cela ne signifie pas pour autant qu'il faille réunir toutes les qualités pour réaliser de « grandes » ventes. Cependant, plus on accumule de compétences, plus importantes sont les chances de succès. À toutes fins utiles, sachez que tous les vendeurs étoiles que j'ai rencontrés n'éprouvent aucune affection pour la chance et le hasard. Ils leur concèdent très peu de place dans leur métier de vendeur.

Traitement des objections classiques

Voici, à titre d'exemple, quelques réfutations « passe-partout » relatives aux objections fausse barbe et tactiques. Le vendeur pourra à loisir les mettre en œuvre telles quelles ou les adapter à sa personnalité ou à son métier.

Remarque

Un sous-chapitre entier est consacré à la négociation et à la réfutation d'objections concernant les prix.

Exemples

> *L'acheteur :* « Merci, mais je ne suis pas intéressé. »
> *Le vendeur :* « Ah ? Pour quelles raisons n'êtes-vous pas intéressé ? »

Le client sera obligé de formuler une véritable objection que le vendeur pourra traiter avec plus de facilité. Ces questions d'information sont très utiles pour démasquer les « fausses objections ».

L'acheteur : « Laissez-moi votre documentation, je l'étudierai. »
Le vendeur : « Ce serait avec plaisir, mais malheureusement ces documents sont complémentaires à ma visite. Je vous les remettrai à la fin de notre entretien. Et puis vous savez bien qu'une documentation ne développe pas forcément les points qui vous intéressent. »

L'acheteur : « Les affaires sont dures, on n'investit plus. »
Le vendeur : « Justement, c'est la raison pour laquelle je voudrais vous montrer un produit qui va vous permettre de développer vos affaires (de faire des économies, de conquérir une nouvelle clientèle, etc.). Pouvez-vous m'accorder 12 minutes de votre temps, je suis sûr que cela va vous intéresser. »

Ce procédé piquera la curiosité de votre prospect, qui ne pourra s'empêcher de penser : « Et si ce vendeur disait vrai ? » Beaucoup de prospects se plaignent et invoquent les difficultés conjoncturelles, la concurrence acharnée et autres plaies du commerce. Quand vous les connaissez, vous constatez que ce sont d'éternels insatisfaits... Affichez un optimisme serein et exprimez-leur votre confiance dans l'amélioration de leur situation... grâce à l'intervention de vos produits.

L'acheteur : « J'ai déjà un fournisseur. »
Le vendeur : « Je n'en doute pas [*sourire courtois*], je n'imaginais pas que vous attendiez ma visite pour vous approvisionner [*sourire*]. Si je me suis permis de vous rendre visite, c'est que je voudrais vous présenter un nouveau produit qui va vous permettre de... [*énoncer une promesse en tenant compte de la méthode SACOL]* ».

Autre éventualité, lorsque l'acheteur est apparemment très lié à son fournisseur (qui peut être un ami, un parent ou un fournisseur de longue date).

Le vendeur : « Un jour ou l'autre, vous pourriez avoir besoin d'un second fournisseur. Une grève, une rupture de stock, un problème de fabrication ou autre peut survenir à tout moment chez votre fournisseur habituel. À ce moment, vous serez certainement content de disposer d'une roue de secours, et nous serons ravis de pouvoir vous aider. De plus, je suis sûr que les prix que nous pratiquons (ou la qualité de nos produits) vous donneront entière satisfaction. »

Immanquablement, le vendeur éveillera l'intérêt du client. Ensuite, selon la réceptivité du prospect, le vendeur pourra enchaîner de la façon suivante :

Le vendeur : « Je désire commencer avec de petites quantités. Jouer le rôle de second me ferait déjà très plaisir » [*le vendeur joue sur l'orgueil de l'acheteur qui, flatté, pourra se montrer moins enclin à décliner son offre*].

L'acheteur : « Je n'ai pas d'argent en ce moment. »

Objection sincère ou objection tactique ? Nul ne le sait ! Certains prospects brandissent cette objection pour renvoyer les vendeurs car ils savent qu'il n'y a rien qui les effraie davantage qu'un client « sans le sou ». Ce n'est que lorsque vous ferez face au prospect que vous pourrez vous faire une opinion. Il est des signes extérieurs de richesse qui ne trompent pas... Un immeuble cossu, du matériel de bureau dernier cri, etc. Et quand bien même l'objection du prospect serait fondée, une trésorerie vit, évolue. Un budget se reconduit, et le crédit apporte quelques facilités.

Le vendeur : « Effectivement, c'est une bonne raison. Toutefois, j'aimerais vivement vous présenter ce nouveau produit [*ou toute phrase exploitant un avantage SACOL*]. Ainsi, le jour où vous serez en mesure d'investir, vous pourrez faire le meilleur choix au mieux de vos intérêts. »

Lorsque le produit ou service du vendeur le permet, une réfutation intéressante consiste à dire : « Et si je vous proposais d'en gagner, qu'en diriez-vous ? ». Si la démonstration est bien menée et que le prospect témoigne de l'intérêt, le vendeur essaiera de conclure la vente normalement. Mais si le premier invoque à nouveau le manque de fonds, le vendeur pourra alors négocier des facilités de paiement ou un report de livraison.

Concernant la contre-argumentation de cette objection, voici la technique de Gilles Chapeau (commercial en chaussures à la société Asco Eegim Shoes qui vend à lui seul quelques centaines de milliers de paires par an) : « *Que vous n'ayez pas d'argent n'a pas d'importance. Pour ma part, je suis un homme de principe et j'accorde plus d'impor-*

tance à votre parole qu'à n'importe quelle signature au bas d'un contrat. » Imparable. Refuser reviendrait à avouer sa malhonnêteté. En outre, le prospect qui s'engagera à acheter à échéance n'osera même plus se rétracter de crainte de passer pour un parjure. Enfin, cette démarche aura pour effet de rassurer le prospect quant à la probité du vendeur. Tous les vendeurs savent combien il est capital d'inspirer confiance !

> *L'acheteur :* « Je suis surstocké »
>
> L'approche est sensiblement identique à celle de la méthode précédente. Conduire un entretien complet permettra, à défaut de susciter une commande, de faire connaître son offre et de préparer la prochaine rencontre (qui se terminera par la commande effective).
>
> *Le vendeur :* « Effectivement, votre affaire a l'air particulièrement bien achalandée et je ne suis pas homme à forcer la vente [*propos rassurant pour le prospect*]. Cela dit, j'aimerais vous présenter notre... [*énoncer le produit et son avantage*]. À l'avenir, je suis sûr que cela pourra vous intéresser.

Réfutation des objections spécifiques à votre produit/service

Lorsqu'une objection sincère et spécifique à votre produit/service revient souvent dans la bouche d'un prospect, la procédure à suivre est simple : concernant la forme, il suffit d'appliquer les directives sur le traitement des objections sincères. Sur le fond, comme il s'agit d'objections courantes, vous devez impérativement préparer une réponse « toute faite ». L'élaboration de cette réponse pourra s'inspirer du modèle de l'argument (exemple 1), ou encore respecter le schéma de réfutation suivant :
- accepter, valider l'objection ;
- réfuter l'objection ;
- envoyer un accusé de réception (ai-je répondu à votre question ? Êtes-vous rassuré maintenant ?) ou une relance d'intérêt (exemple 2).

Exemple 1 (vendeur d'espaces publicitaires face à l'annonceur)

> *L'acheteur :* « Je veux bien passer une publicité dans votre revue, mais comment serai-je sûr que vous tirez à 50 000 exemplaires et que je ne vais pas surpayer l'espace publicitaire ? »
> *Le vendeur :* « Vous avez raison, c'est important. Vous voulez avoir la preuve que nous tirons vraiment à 50 000 exemplaires ? C'est bien simple, le tirage est contrôlé et visé par l'Office de justification de la diffusion qui est un organisme d'État indépendant, et le seul qui soit habilité à délivrer un visa officiel. D'ailleurs, il constitue le principal repère des agences de publicité. Tenez, voici une photocopie de ce document que vous pouvez garder. Vous pouvez donc le constater, le tirage moyen de 50 000 exemplaires est certifié. Êtes-vous rassuré sur ce point ? »

Exemple 2 (vendeur de produits d'assurance/prévoyance)

> *Le prospect :* « Avant de souscrire quoi que ce soit, je vais demander conseil à un ami qui s'y connaît. »
> *Le vendeur :* « Vous avez raison, lorsqu'il s'agit de prévoyance, il vaut mieux ne pas s'engager à la légère. [*Validation de l'objection.*] « Cependant, vous savez bien que les conseilleurs ne sont pas les payeurs. Si votre ami vous conseille de souscrire cette police d'assurance, ce n'est pas lui qui paiera la prime à votre place. « Mais là n'est pas le problème, monsieur Machpro. Imaginons maintenant que votre ami vous déconseille de souscrire cette police et que, demain, vous veniez à disparaître. Pensez-vous que votre ami subviendra aux besoins financiers de votre famille ? Est-ce votre ami qui paiera leurs études à vos enfants, qui règlera les droits de succession ou financera les frais d'obsèques ? Non, définitivement non. C'est donc à vous, et à vous seul, qu'il appartient de prendre la décision de souscrire ou non ce contrat de prévoyance. [*Réfutation de l'objection.*] « Tenez, si demain vous veniez à disparaître, de quelle somme votre épouse aurait-elle besoin pour pouvoir se retourner ? » [*Relance d'intérêt.*]

Avantages de la réfutation « toute faite » par rapport à l'improvisation
— Le vendeur n'a pas à chercher ses mots, il évite ainsi toute méprise, confusion ou redite ;
— La mise en forme de la réfutation, le choix des preuves rendent

possible une bonne compréhension et partant, une bonne assimilation des arguments par le prospect ;
— La clarté, l'éloquence et la qualité de l'argumentation préparée confèrent une image de professionnalisme au vendeur, et de sérieux à l'entreprise qu'il représente. Le prospect se sent en confiance.

La technique du pendu

Il s'appelle Henri Cohen, et il est négociateur de haute volée au sein de la société Bull. C'est à lui que nous devons cette méthode « diabolique » de traitement des objections sincères.

Tant qu'une objection demeure vivace dans l'esprit du prospect, celui-ci n'achète pas. Comme nous l'avons démontré précédemment, le vendeur doit dissiper toutes les objections qui lui sont opposées pour avoir une chance d'aboutir. Mais comment s'assurer que le prospect a bien « vidé son sac » ? C'est précisement la vocation de cette technique, dont l'originalité fait une arme à deux tranchants :
— d'un côté, elle va provoquer l'aveu de toutes les objections cachées du prospect,
— de l'autre, elle prépare et facilite la conclusion qui logiquement lui fait suite.

Entrons dans le détail. Cette méthode se décompose en trois étapes.

1. Valider l'objection

C'est l'attitude classique du vendeur qui écoute l'objection jusqu'au bout, montre qu'elle l'intéresse et pose toutes les questions lui permettant de s'assurer qu'elle n'en cache pas d'autres. Le vendeur, au moyen de ces questions, va conduire son interlocuteur à reformuler l'objection et à la rendre plus explicite, de manière à en saisir tous les aspects.

2. Isoler l'objection

C'est encore une question qui va faire progresser la démarche du vendeur. Elle aura pour but d'identifier clairement l'objection et de provoquer l'énonciation des objections cachées (si toutefois elles existent).

Exemples

- « À part ce problème, est-ce que tout est clair ? »
- « Y a t-il un autre point qui vous gêne ? »

3. Anticiper la décision finale

Après avoir identifié le(s) motif(s) de son tourment et reconnu son intérêt conditionnel pour le produit (conditionnel, tant que le problème subsiste), le prospect doit maintenant s'engager davantage et promettre d'acheter si la difficulté reçoit une solution.

Exemples

- « Dans la mesure où je peux répondre, vous êtes d'accord ? »
- « Si ce point n'existait pas, vous seriez d'accord ? »
- « Si je peux vous répondre favorablement, vous êtes d'accord pour... » [*vous équiper, en acheter, commander, ou tout autre terme appelant à un engagement sans équivoque*].

Lors de cette dernière question, le prospect peut tout à coup révéler une objection cachée, car il comprend bien à ce moment que s'il répond positivement, il ne pourra plus se rétracter.

En effet, le client se trouve mis au pied du mur. S'il accepte, il ne peut plus faire machine arrière. Parfois, la réponse revêt la forme d'un

« Oui, mais il faudrait aussi que... »

faisant apparaître une nouvelle objection. Le vendeur, faussement contrarié, répliquera :

« Écoutez, je ne comprends pas, tout à l'heure vous n'évoquiez que le problème de... Maintenant vous dites qu'il y a aussi... [*nouvelle objection*]. Est-ce qu'il y a encore autre chose ? Parce que je veux être sûr de bien comprendre tous vos besoins. »

Et le vendeur réitérera la troisième phase : « Donc, dans l'hypothèse où je peux répondre aux deux points que vous venez de soulever, vous êtes d'accord ? »

La technique du pendu par l'exemple

Vendeur de logiciels de traitement de textes.

L'acheteur : « Votre logiciel est très bien, mais j'ai l'habitude du mien et je n'ai pas envie de réapprendre à me servir d'un logiciel de traitement de textes. »

Le vendeur : « Je comprends tout à fait votre position. Pourtant vous êtes d'accord pour constater que notre produit est plus puissant et plus pratique, alors qu'est ce qui vous empêche vraiment de l'adopter ? »

L'acheteur : « Je vous l'ai dit, j'ai mes petites habitudes et je n'ai pas envie de les abandonner ; je sais qu'en appuyant sur la touche F1 je souligne le texte, F2 me permet de mettre en gras les polices de caractères, F3 de me placer en mode insertion, etc. Voyez-vous, j'ai mis deux mois à maîtriser cet outil et maintenant que je sais m'en servir, je n'ai pas envie de passer mon temps à étudier un nouveau manuel d'utilisation. »

Le vendeur : « C'est compris. Et à part ce point, y a-t-il autre chose qui vous gêne ? »

L'acheteur : « Non, c'est vraiment le seul aspect négatif. »

Le vendeur : « Et si l'on pouvait résoudre ce problème, vous seriez intéressé ? »

L'acheteur : « Oui, parce que ce logiciel propose quand même des fonctions très utiles que mon logiciel actuel n'offre pas. Cependant, je ne vois pas comment vous pourriez satisfaire mes exigences, nous n'allez tout de même pas modifier le programme pour me faire plaisir ! »

Le vendeur : « Ce ne sera pas nécessaire, car ce logiciel est déjà prévu pour cela. En effet, toutes les touches de fonctions sont paramètrables. Lors de l'installation du logiciel, on vous proposera d'affecter à chaque fonction la touche que vous désirez. Ainsi, pour souligner, vous choisirez la touche F1, pour mettre en gras F2, etc. Voilà, non seulement vous allez bénéficier d'une panoplie de fonctionnalités nouvelles (rappeler brièvement les avantages du produit), mais vous n'aurez pas à modifier d'un iota vos habitudes de travail. »

L'ART DE CONCLURE

Le taux d'adrénaline grimpe dans l'attente du verdict... Nous voici enfin au stade de la conclusion de la vente, ce moment tant attendu qui signe la consécration ou l'échec de la rencontre.

La peur de conclure

En pratique, la conclusion est une phase que redoutent à la fois l'acheteur et le vendeur. L'acheteur hésite entre son désir d'acheter et sa peur de commettre une erreur, risque d'autant plus grand pour lui que sa décision aura des conséquences plus ou moins importantes sur sa fortune ou sa situation personnelle. Pourtant, les acheteurs passent à l'acte d'achat assez rapidement, pour peu qu'ils se sentent guidés et rassurés.

De son côté, le vendeur a peur de conclure parce qu'il appréhende une réponse négative à sa proposition. Il hésite donc, tergiverse, ne parvenant pas à déceler chez son interlocuteur l'indice qui trahit le désir d'acheter. Selon les études d'un cabinet d'audit commercial, 63 % des vendeurs n'ont pas le courage de demander à leur client de s'engager. Certains vendeurs redoutent tellement le verdict de l'acheteur qu'ils argumentent encore et encore, jusqu'à semer le doute dans l'esprit du client pourtant décidé à acheter. Eh oui ! La peur est contagieuse, et le client finira par penser que « cette insistance cache quelque chose, il doit y avoir quelque vice caché ». Combien de ventes se sont noyées dans un flot de paroles inutiles, d'atermoiements et de considérations superfétatoires de la part de vendeurs littéralement « bloqués » ! N'oubliez jamais ceci : le prospect n'endossera pas l'habit du vendeur. Il n'achètera pas si ce dernier ne le lui propose pas.

Le commercial qui n'ose pas conclure dénonce son manque de confiance en sa capacité à apporter une solution aux besoins du prospect. Il s'agit là d'un banal problème de motivation déficiente, mais très regrettable, car la motivation en tant qu'arme commerciale est un facteur de réussite tout aussi essentiel que la maîtrise de la technique (c'est la raison pour laquelle nous lui avons consacré une partie importante du chapitre consacré à la psychologie du vendeur).

Pour l'heure, revenons au problème qui nous préoccupe, à savoir la volubilité excessive du vendeur. Fort heureusement, la « surexcitation verbale » et autres « phobies de la conclusion » se guérissent

facilement, au moyen d'un traitement préventif en deux temps exigeant de la part du vendeur qu'il :
— apprenne à reconnaître les signaux d'achat provenant du prospect (lesquels signifient qu'il devra interrompre son argumentation et conclure) ;
— s'initie aux différentes techniques de conclusion.

Quand faut-il conclure ?

La conclusion ne peut être envisagée qu'à deux conditions :
— que les objections fondamentales aient été traitées,
— que le client soit suffisamment convaincu par l'offre du vendeur.

Mais, me direz-vous, à quoi reconnaît-on un prospect convaincu ? Pour une fois, c'est le prospect lui-même qui fournit la réponse, en émettant des signaux d'achat. Le vendeur aux aguets les détectera aisément tant leur forme est caractéristique : manipulation de l'échantillon et lecture de la notice, silence prolongé à la fin de l'argumentaire du vendeur accompagné d'un hochement de tête... Plus généralement, les signaux d'achat prendront la forme d'une réflexion ou d'une question au travers de laquelle le prospect parle du produit comme s'il en était déjà propriétaire :

- « Il n'y a plus de place dans ces bureaux. Où voulez-vous que j'installe cette table traçante ? »
- « En ce qui concerne les règlements, sachez que tous nos fournisseurs sont payés à 60 jours. »
- « Quels sont les délais de livraison ? »
- « Comment cela se passe en cas de panne ? »
- « Si je vous passe commande, est-ce que... ? »

Certains signaux sont beaucoup plus délicats à interpréter, mais trahissent tout autant l'intérêt du prospect pour la proposition commerciale. Ainsi, lorsque soudainement le prospect appelle un collègue de travail pour lui demander d'assister à la démonstration ou qu'il sollicite l'avis d'une autre personne, le message est clair, il signifie : « Ça m'intéresse, mais j'ai peur de m'engager... J'aimerais qu'on me rassure encore. »

Enfin, le signal le plus fréquemment émis par les acheteurs professionnels, et aussi le plus dangereux, prend la forme d'une demande supplémentaire : l'acheteur est décidé à traiter aux conditions du vendeur, mais comme il n'a pas dévoilé son intention d'achat, il essaie tout simplement de négocier des avantages supplémentaires. L'un pensera : « c'est toujours ça de gagné », un autre raisonnera : « voyons ce que ce vendeur a dans le ventre, je vais essayer d'en obtenir le maximum ».

Exemples

- « Si vous offrez l'installation et la formation sur site, je vous commande le système. »
- « Je veux bien vous passer commande, mais il faudra m'accorder une remise plus importante. »
- « Quand on commande par 10, vous offrez le onzième ? »

Si l'avantage qui vous est réclamé est acceptable, concédez-le... Mais attention, **jamais** sans contrepartie (*cf.* chapitre 3). Autrement dit, vous devez en profiter pour obtenir, à votre tour, quelque chose du client en échange de votre bonne volonté : par exemple, un engagement immédiat ou une commande supérieure. Toutefois, si l'avantage qui vous est demandé est trop important, vous allez devoir négocier avec professionnalisme. Le chapitre 3 se chargera de vous enseigner le maniement des armes de la négociation.

En résumé, dès que vous repérez le moindre signe d'agrément (signal d'achat), cessez toute argumentation. Concluez !

Comment conclure ?

Les techniques de conclusion ont déjà fait couler beaucoup d'encre. Tout a été écrit sur le sujet, le meilleur et le pire. Chaque maître à penser de la vente s'est évertué à découvrir et mettre au point la technique infaillible, d'application universelle ! Aussi je tiens à vous l'annoncer d'emblée : il n'existe aucune technique pour faire signer le prospect à coup sûr. Dans ce cas, comment font alors les meilleurs vendeurs pour engranger plus de commandes que tous les autres ? Peut-être serez-vous surpris, mais la plupart des vendeurs d'élite n'emploient aucune technique particulière si ce n'est la plus simple et la plus naturelle : la proposition directe. En d'autres termes, ils proposent directement au client de passer commande (méthode développée ci-après).

Comme nous l'avons vu, les techniques de conclusion pratiquées habituellement sont nombreuses et variées. Certaines relèvent de l'hérésie pure, d'autres ne peuvent s'appliquer que dans un contexte particulier ; enfin, presque toutes utilisent des procédés dilatoires pour arriver à formuler une simple demande d'engagement. Pourquoi faire simple quand on peut faire compliqué ! En outre, user d'un biais quelconque en guise de conclusion risque de raviver la méfiance du client et de lui donner le sentiment qu'une manigance s'opère à son détriment.

Dans cet ouvrage ne seront exposées que les techniques utilisées par les meilleurs vendeurs, à l'exclusion de toute autre. Car en matière de conclusion, les mécanismes imparables et les ruses de Sioux ne sont que des pièces de musée, flambant neuves pour n'avoir jamais servi. Toutefois, pour satisfaire votre curiosité, nous en examinerons une un peu plus loin. En remerciant le musée de la naïveté commerciale de nous l'avoir prêtée !

La proposition directe

Elle constitue la formule la plus usitée. En fait, la proposition directe n'est pas une technique à proprement parler mais plutôt l'aboutissement naturel de l'entretien de vente. Rappelons que cette étape intervient après que le prospect a reconnu que le produit répond à ses besoins, et après que toutes les objections de fond ont été traitées. Dans ces conditions, la conclusion est tout à fait naturelle. Le client l'attend.

Si les portes de sortie ont été convenablement verrouillées (par la mise en œuvre de la technique du pendu), la conclusion se fera sans effort de votre part tant elle apparaîtra évidente. Plus généralement, la proposition directe consistera à demander simplement au client de s'engager. Peut-être trouverez-vous cette méthode trop brutale ? Si tel est le cas, il faudra alors vous faire violence car aucun procédé ne produira plus d'effet ! Je vous l'avoue, j'ai moi-même longtemps cherché à découvrir la tactique absolue, la formule miracle de la conclusion. Au cours de mes rendez-vous professionnels, j'ai testé tous les stratagèmes, employé toutes sortes de ruses élaborées... Pour finalement revenir à la case départ : la proposition directe, porte-drapeau de la franchise et du naturel.

Bien entendu, le vendeur prendra soin de présenter sa requête avec doigté et gentillesse... Le prospect convenablement mis en condition y répondra le plus simplement du monde, avec plaisir. Et même avec un double plaisir : celui de faire l'acquisition d'un produit ou service dont vous lui avez donné l'envie, et celui de vous confier sa commande. L'être humain, c'est bien connu, éprouve souvent plus de plaisir à donner qu'à recevoir.

Attention! La proposition directe ne consiste pas à demander tout à trac : « Voulez vous remplir le bon de commande ? ». Ce serait une insigne maladresse; le prospect pourrait se « braquer ». Fort heureusement, la langue française est assez riche et nuancée pour permettre une formulation plus douce.

Exemples

« Si je résume, vous désirez un appareil autofocus avec un flash incorporé pour moins de 2 500 francs. Le Canolta Y5Z répond exactement à votre demande... C'est bon ? Vous le prenez ? »

Toute formule équivalente fera aussi bien l'affaire :

« On y va ? On vous l'installe cette semaine ? »
« C'est OK ? Je vous en livre une palette ? », etc.

Vous pouvez également conclure la vente par la phrase passe-partout suivante :

« ... Eh bien, je vous propose de concrétiser tout ce que nous venons de voir en établissant les documents habituels. »

Cette formulation s'avérera préférable à la désormais classique « je vous propose de passer à la signature du contrat ». En effet, les termes « établir » et « documents » paraissent moins comminatoires que « signer » et « contrat ».

La fausse alternative

Bien que déjà très ancienne, cette technique est toujours d'actualité car son efficacité est remarquable. Nous l'avons déjà étudiée en marketing téléphonique (*cf.* chapitre 1), mais il s'agit cette fois de l'appliquer à la conclusion de l'entretien de vente. Rappelons son principe : généralement, en fin d'entretien, le vendeur fait choisir l'acheteur entre l'acceptation et le refus de l'offre. Dans la technique dite de la fausse alternative, l'acheteur est également mis en situation de choisir, mais cette fois les dés sont pipés et le vendeur sort toujours gagnant de l'épreuve Ce n'est pas un miracle puisque ce dernier ne propose que des choix qui lui sont favorables.

Exemples

- Vendeur d'espaces publicitaires :
« Compte tenu de votre budget, vous préférez la page en noir et blanc ou la demi-page couleur ? »
- Vendeur-grossiste :
« Que préférez-vous, 10 cartons au tarif normal ou 20 cartons avec 5 % de remise en plus ? »
- Vendeur automobile :
« Alors, on part sur le modèle de base ou sur celui avec airbag et peinture métal ? »
- Agent immobilier :
« Entre le petit pavillon en bord de mer et celui au milieu des pins avec piscine, lequel vous attire le plus ? »
- Fausse alternative humoristique :
« On signe maintenant ou tout de suite ? »

La vente présumée

Alors que la proposition directe laissait au prospect le choix entre oui et non et que la fausse alternative offrait un choix entre oui et oui, la vente présumée, quant à elle, ne laisse plus aucune alternative. Elle considère que la vente est acquise. Le vendeur en situation de conclure évoquera l'après-signature de l'engagement, et ce tout en remplissant son bon de commande.

Exemples

- Vendeur de matériel de radiologie médicale :
« ... Et quand on vous installera ce système de radiologie, par où souhaitez-vous que l'on fasse passer la câblerie ? Par le sol, le faux-plafond, les plinthes ? »
- Vendeur de produits financiers :
« De quel montant voulez-vous être prélevé chaque mois, pour développer ce compte d'épargne-retraite ? »
- Vendeur d'aliments de bétail :
« Quand on vous livrera, à quel endroit désirez-vous que l'on dépose le roc salé de 250 kg ? »

Attention

La technique de la vente présumée, plus qu'une autre, exige pour sa parfaite efficacité, l'obtention préalable et certaine d'un signal d'achat.

La technique interdite

Chose promise, chose due. J'ai maintenant le regret de vous présenter une méthode de conclusion supposée géniale, et que je qualifierai pour ma part de technique scabreuse. Elle émanerait d'un soi-disant roi de la vente dont je tairai le nom par respect de l'éthique. Cette technique, dite du complexe, est présentée comme étant « d'une extraordinaire efficacité »... Je voudrais ajouter : pour qui veut échouer à coup sûr. Elle repose sur l'utilisation de l'orgueil fondamental de l'être humain. Son auteur part du principe que les gens recherchent de préférence ce qu'ils ne peuvent pas s'offrir. Aussi la stratégie du vendeur consistera-t-elle à mettre implicitement l'acheteur au défi de se montrer digne du produit. Il ne s'agit plus de demander au client s'il « veut acheter », mais s'il « peut acheter ». Ainsi provoqué, le client oublie sa crainte d'acheter et veut prouver son aptitude à mériter le produit en s'en portant acquéreur.

Enfin, pour étayer son principe, l'auteur cite l'exemple d'un vendeur de voitures : « *Je vais être franc avec vous, Jack, dit le vendeur, je vous conseille le modèle XYZ dans le milieu de gamme, car je ne crois pas que vous ayez les moyens de vous payer le haut de gamme.* »

Je ne peux que vous déconseiller de vous essayer à ce jeu. Vous en sortiriez rapidement disqualifié. Un acheteur humilié ne récompensera certainement pas celui qui l'a offensé en lui offrant sa commande. Et quand bien même le principe de cette méthode fonctionnerait, l'acheteur prendrait un malin plaisir à passer sa commande... à la concurrence. Cela, pour se venger de l'affront qui lui a été infligé. Il y a même fort à parier que certains acheteurs retourneraient à leur premier vendeur pour lui dire : « Vous m'avez pris pour un minable ? Mordez-vous-en les doigts, car je viens de passer une belle commande à votre concurrent ! » C'est en professant ce genre d'ineptie que de pseudo-vendeurs détériorent l'image d'un beau métier.

Silence, on vend !

Pour donner plus de relief à la règle d'or qui va suivre, et que certains vendeurs considèrent comme l'un des piliers de la vente, je voudrais emprunter une citation à Maurice Maeterlink, tirée de son œuvre *Le trésor des humbles* : « Le silence est l'élément dans lequel se forment les grandes choses, pour qu'enfin elles puissent émerger ». Vous l'avez deviné, après avoir demandé l'engagement du client, plus un mot... « pour qu'enfin la décision puisse émerger ». L'orthodoxie commerciale impose même de ne plus parler et ce, tant que le prospect n'a pas lui-même rompu le silence ! À bon entendeur...

TRUCS ET FICELLES DE VENDEURS D'ÉLITE

Certains vendeurs recourent parfois à l'usage de trucs et de ficelles pour faciliter la négociation ou accroître leur capacité de conviction. Voici donc révélées quelques-unes des astuces de vendeurs parmi les plus intéressantes. Qu'il me soit permis de remercier ici tous les vendeurs qui ont accepté de dévoiler leurs secrets.

Attention ! Les astuces ne sont pas une panacée. En aucun cas elles ne permettent à elles seules de remporter la commande. Elles n'ont pas non plus pour vocation de flouer l'acheteur. Mais elles peuvent effectivement constituer une carte décisive, à condition que le vendeur ait déjà un bon jeu. Découvrons-les.

Le canard boiteux

L'écrasante majorité des prospects n'est pas constituée de naïfs, mais de personnes qui savent que le vendeur est payé pour vendre et que sa mission le destine à repartir avec un bon de commande signé. C'est donc rarement sans méfiance que le prospect accueille le discours commercial du vendeur. *A priori* soupçonneux vis-à-vis d'un nouveau vendeur, le prospect doit être rassuré. Comment gagner la confiance de l'acheteur suspicieux ? En lui démontrant votre bonne foi par l'entremise d'un « canard boiteux ».

Le « canard boiteux » est un produit obsolète, dépassé ou peu recommandable, que le vendeur va présenter en dénonçant ses inconvénients. Quel gage d'honnêteté pour le client ! En effet, ce vendeur qu'il soupçonnait de vouloir lui en « coller » un maximum se révèle soudain un véritable conseiller. L'acheteur ne tarde pas à penser : « Ce commercial défend vraiment mes intérêts comme il le prétend, puisqu'il me déconseille d'acheter ce produit. Il joue contre son camp pour ne pas me léser. Je peux lui faire confiance. »

Bien entendu, le canard boiteux sera un leurre, un produit sans importance commerciale. Quant à la critique qu'en fait le vendeur, elle devra être suffisamment habile pour ne pas porter préjudice à son entreprise.

Exemples

- Vendeur/grossiste en accessoires de mode (le canard boiteux est un produit démodé glissé volontairement dans les échantillons présentés à l'acheteur) :
« Ce modèle de foulard se vend très bien, vous pouvez y aller. Par contre, je vous déconseille ce modèle-là (désignant le canard), il est de la saison passée, vous auriez du mal à l'écouler. »

- Vendeur de produits financiers :
« Je préfère encore que vous gardiez votre argent plutôt que de vous voir acheter des actions de la société Bank Rout. Je vous conseille plutôt d'investir dans l'entreprise hollandaise Van Hampoup ».

- Antiquaire (pour mettre en valeur une collection de statuettes, l'antiquaire glisse un canard boiteux, bibelot insignifiant qui trône à côté d'objets spectaculaires) :
« Dans le style 1930, je peux vous montrer quelques statuettes de femme en bronze que voici... Je ne vous ferai pas l'affront de vous présenter celle-là, j'ai été obligé de la prendre parce qu'elle faisait partie d'un lot indivisible, dans lequel figuraient par contre ces magnifiques statuettes. »

Je suis mauvais

Aujourd'hui, dans un milieu très concurrentiel, toute la différence tient dans l'agressivité commerciale. L'entreprise, les associés, les banquiers, les tiers ont une soif inextinguible de chiffre d'affaires. Vendre plus, toujours plus ! Les journaux affichent les millions de bénéfice de celui-ci, les milliards de chiffre d'affaires de celui-là. Et le nerf de cette guerre, c'est toujours la vente. Et c'est à celui qui vendra le plus... Prime sur chiffre d'affaires, voyages ou voitures offertes, tout est bon pour inciter le vendeur à toujours vendre davantage. Encore une fois, les acheteurs le savent et certains le vivent très mal... Ils ont le sentiment (parfois à juste titre malheureusement) de ne représenter qu'un chèque aux yeux du vendeur. Résultat : ces acheteurs témoignent une grande méfiance à l'égard des vendeurs. Ils ont la hantise du « super-vendeur » sortant triomphant de chez eux, la commande en poche, et courant aussitôt à l'assaut de sa prochaine victime. C'est le syndrome du « vendeur-prédateur » (je ne prétends certes pas que tous les vendeurs soient de blanches brebis ; à l'instar des autres professions, la vente possède son contingent de brebis galeuses).

Une fois de plus, le maître mot sera : **rassurer**. Pour y parvenir, le vendeur doit casser cette image de « super-commercial irrésistible », rompre avec le mythe du « pourfendeur d'acheteurs ». Le meilleur moyen de rassurer le prospect suspicieux consiste à faire preuve d'humilité : amoindrir son rôle, ses compétences pour faire ressortir les qualités du produit.

Exemple

> *L'acheteur :* « Je vous vois venir, vous allez essayer de m'avoir. »
> *Le vendeur :* « De ce point de vue-là, vous pouvez être tranquille, je suis bien incapable de forcer la vente. Vous savez, je désire établir une relation de confiance avec vous, pour une collaboration à long terme. Je n'aurais pas une chance sur cent d'y parvenir si j'essayais de vous léser. Sincèrement, vous pourrez le vérifier quand nous travaillerons ensemble, nous attachons une importance capitale au respect de la déontologie. Entre nous, je peux vous le dire, si j'enregistre une certaine réussite dans la vente, je ne la dois pas à mes piètres talents de vendeur. Ce sont les produits que nous offrons qui plaisent beaucoup... Ils se vendent tout seuls. »

Vous serez surpris de l'efficacité de cette formule. Elle provient d'un très grand vendeur (qui n'a pas voulu que son nom soit divulgué) qui m'a avoué l'utiliser systématiquement pour mettre ses acheteurs « à l'aise ».

N'ayez pas peur de vous dévaloriser, vous ne passerez pas pour un incompétent, au contraire, on louera votre modestie. En agissant ainsi, vous pourrez orienter favorablement la perception qu'a le prospect de vous-même ; transformer un sentiment négatif du type « Ce vendeur se croit très fort, je ne me laisserai pas prendre à ses arguments fallacieux », en opinion salutaire qui pourra s'exprimer ainsi :

« Enfin un vendeur qui ne se croit pas sorti de la cuisse de Jupiter... Apparemment, aux yeux de ce commercial, je représente autre chose qu'un pourcentage de commission. Voilà qui fait plaisir. »

La crise de sincérité

Lorsque votre prospect se montre hésitant vis-à-vis de votre offre, il existe une technique **fabuleuse** pour orienter son choix à votre profit : c'est la crise de sincérité. Cette technique consiste tout simplement à faire vibrer la corde humaine et sensible de l'acheteur, en le prenant par les sentiments. Elle se révèle être un catalyseur d'une efficacité étonnante. Au demeurant, elle rapproche les acteurs de la négociation, qui délaissent la relation formelle et distante acheteur/vendeur, pour communiquer sur une fréquence plus courte, d'homme à homme.

Exemples

L'acheteur : « Je ne sais pas, j'hésite encore. »
Le vendeur : « Écoutez, ce n'est un secret pour personne, j'ai très envie de faire affaire avec vous. Je serais vraiment très heureux, si l'on pouvait parvenir à un accord. »
L'acheteur : « Écoutez, j'ai du mal à me décider... »
Le vendeur : « Sincèrement, monsieur Duracuir, je sais que cela peut paraître suspect parce que je suis commercial, mais s'il vous plaît, faites-moi confiance, je suis absolument certain que vous en serez très content. »

N'ayez pas peur de prendre l'acheteur par les sentiments, ne craignez pas de lui avouer qu'il est important pour vous. Soyez naturel, allez-y sans fausse honte : laissez parler votre coeur et oubliez votre orgueil. Les résultats de cette approche ne sont plus à démontrer. La franchise, « cela paie » !

Attention ! La crise de sincérité n'a aucun effet sur une objection sincère.

Je suis au fixe

Comme constaté plus haut, les acheteurs sont *a priori* méfiants à l'égard du vendeur. Ils savent que ce dernier est commissionné sur ses ventes (l'écrasante majorité des vendeurs le sont). Le client sait que lorsqu'il achète, il influence directement la fiche de paie de son vendeur ; c'est pourquoi l'acheteur reçoit avec appréhension le discours commercial dont il redoute qu'il ne soit motivé que par des intérêts pécuniaires. Pour dissiper les craintes du client, le vendeur pourra user d'un artifice en prétendant n'être rémunéré qu'« au fixe ». Si je vous livre cette astuce, c'est qu'elle m'a été chaudement recommandée par un talentueux vendeur, car pour ma part, je déplore toujours l'usage de quelque mensonge que ce soit. Malheureusement, certains acheteurs hermétiques, il est vrai, ne consentent à s'ouvrir qu'en entendant ce genre de « formule-sésame ».

Attention ! qu'on ne me fasse pas dire que cette astuce est le cheval de Troie. Il s'agit pour moi d'une simple ficelle dont l'usage n'est à recommander que dans le cas extrême d'acheteurs « ultra-méfiants », qu'aucun discours rationnel ne parvient à émouvoir (à la vérité, je pense qu'une argumentation logique et méthodique sera toujours préférable).

Exemple

L'acheteur [prenant connaissance des tarifs] : « Eh bien, on peut dire que vous ne vous embêtez pas, vous devez bien manger ! »

Remarque tout à fait désobligeante qui s'entend encore de nos jours. Par cette allusion, l'acheteur entend manifester sa crainte de surpayer le produit et d'enrichir le vendeur plus qu'il ne le mérite. Diable ! les acheteurs n'ont pas l'obligation d'acheter aux vendeurs qui les sollicitent, la concurrence existe ! Une entreprise qui surcharge exagérément ses tarifs ne fait généralement pas long feu, à moins que ses coûts soient vraiment justifiés par une qualité de service supérieure incluse dans le prix... Mais de grâce, que l'on en finisse avec ces remarques déplaisantes qui laissent présager que le vendeur est un escroc.

Réponse du vendeur : « Monsieur Duracuir, je serais très heureux de devenir votre fournisseur, mais ce n'est certainement pas pour m'enrichir à vos dépens. D'abord, parce que c'est contraire à mes principes. Ensuite, parce que je suis payé au fixe, je n'ai donc aucune rétribution supplémentaire à espérer [*sourire*]. »

La liste des clients

Cette astuce s'appuie sur un phénomène psychologique bien connu : le mimétisme. La plupart des gens, par un sentiment bien naturel, ont peur d'essuyer les plâtres, peur de servir de cobayes à un nouveau produit.

Aujourd'hui les décideurs, dans les entreprises, ont de plus en plus tendance à s'entourer de conseillers en tout genre. La peur de prendre la mauvaise décision les inhibe... Il faut avouer que l'erreur de stratégie peut se payer très cher ! On préférera donc prendre exemple ou calquer l'attitude à adopter sur un modèle existant, plutôt que s'aventurer en territoire inconnu. Ainsi, la propension de l'homme à emboîter le pas de son prochain et sa préoccupation de sécurité (rappelez-vous le S de SACOL) vous permettent d'envisager le succès dans toute tentative de séduction par l'évocation de vos références. Votre interlocuteur se sentira tranquillisé de savoir qu'il emprunte un chemin sûr, puisque d'autres l'ont déjà suivi sans encombres.

Si vous pouvez vous prévaloir d'une étude de marché réalisée pour Nestlé, d'un séminaire vendu à IBM ou d'un logiciel conçu spécifiquement pour General Motors, ne vous en privez surtout pas, votre impact ne sera que plus grand. D'aucuns penseront : « IBM, ce sont des gens sérieux qui ne doivent pas s'engager avec le premier venu. Je peux y aller à mon tour, c'est sans danger ». D'autres se diront : « En traitant avec eux, je pourrai dire que j'ai le même cabinet d'étude que Nestlé ». Enlevez leurs noms à Arthur Andersen, Young & Rubicam ou Christian Dior et remplacez leurs raisons sociales par Jean Martin. Que croyez-vous qu'il adviendra de ces trois entreprises ? Elles disparaîtront, tout simplement, car elles n'auront pas le temps de se bâtir une nouvelle réputation et de reconstituer leur fonds de commerce : leurs références.

Tel directeur financier commandera un audit à Arthur Andersen parce que les entreprises prestigieuses recourent à lui. Certains produits haut de gamme, par exemple, ne doivent leur existence qu'au seul phénomène de mimétisme ; le message qu'ils communiquent est le suivant : « Vous pensez faire partie de l'élite ? Prouvez-le en m'achetant, comme l'ont fait untel et untel qui, eux, sont reconnus comme faisant partie de l'élite. »

À votre tour, allez-y carrément, usez et abusez de vos références, produisez lettres de remerciement, mots de félicitation, revues de presse élogieuses. Bref, tout ce qui atteste le sérieux ou la qualité de vos produits. Pour ma part, dans mon entreprise d'ingénierie informatique, j'utilise un document très précieux : la liste de mes clients. Il s'agit d'un listing de tous mes clients, avec leurs coordonnées complètes. Ce document est remis à tous mes prospects afin qu'ils puissent interroger directement mes clients sur la qualité de nos produits/services. Aucun prospect ne l'a jamais fait, mais tous se montrent sensibles à cette démarche. Le but de l'opération ? Prouver ma bonne foi quant à la véracité de mes affirmations sur la qualité de nos prestations, et mettre ainsi le prospect en confiance. Croyez-moi, visualiser 100 références sur 20 pages fait plus d'effet que d'entendre « 500 clients nous font déjà confiance ».

L'engagement conditionnel

Comment surmonter les objections du type : « Je dois en référer à mon associé, à ma femme, à mon patron, etc. » Comment emporter la décision de votre vis-à-vis lorsque celui-ci n'est pas le seul décideur ? Bien sûr, il est toujours possible d'essayer de provoquer la réunion de toutes les parties prenantes à la décision d'achat. Mais que faire si l'épouse ne veut pas vous rencontrer, si l'associé ne peut pas vous recevoir ou si les supérieurs concernés par la décision sont intouchables ou indisponibles pour écouter votre exposé ? Réfléchissez quelques instants avant de découvrir la solution qui suit...

À l'avenir, pensez à utiliser cette véritable technique d'influence qu'est « l'engagement conditionnel ». Cette ficelle consiste à vous approprier l'assentiment de votre interlocuteur pour l'offre que vous lui avez soumise et ce, juste avant de lui rendre sa liberté. Il suffit de lui poser la question suivante : « Soit, vous devez en référer à votre associé. Je m'incline ! Mais, Monsieur Machpro, permettez-moi juste une question avant de partir : si la décision n'appartenait qu'à vous, est-ce que vous achèteriez ce produit ? » Vous pouvez être assuré que, si votre prospect vous répond : « Oui, si cela ne tenait qu'à moi, je vous passerais commande, mais vous comprenez bien que je ne peux pas m'engager sans avoir l'accord de mon associé », il fera tout ce qui est en son pouvoir pour convaincre l'autre décideur d'acheter, se faisant ainsi le défenseur zélé de vos produits et services. En effet, un échec équivaudrait à la reconnaissance implicite de sa subordination à la décision de l'autre. Son amour-propre et son orgueil en pâtiraient sérieusement.

Rappelez quelques jours plus tard, ou mieux, reprenez rendez-vous avec votre prospect pour vous enquérir de la décision finale, et vous réaliserez que, dans la majorité des cas, cette décision vous sera favorable.

Lorsque vous vous trouvez confronté au type d'objection évoqué ci-dessus, l'engagement conditionnel « si vous étiez seul, achèteriez-vous ? » multiplie par deux vos chances d'enlever la vente !

Le langage du partenaire

Lequel de ces deux vendeurs saura-t-il convaincre l'acheteur de lui passer commande : le commercial indifférent qui récite son discours et dissimule mal son empressement à conclure ou celui qui s'implique pour la cause du client et lui témoigne un intérêt sincère ? L'acheteur voudra confier ses intérêts à qui les défendra au mieux, bien sûr.

Le vendeur, s'il veut remporter la palme, doit se montrer concerné par les problèmes que l'acheteur évoque. Mieux, il doit pouvoir donner l'impression de défendre d'abord les intérêts de l'acheteur. Ce dernier aura finalement le sentiment que le vendeur et lui-même travaillent ensemble à l'obtention d'un même résultat, en véritables partenaires. Pour cela, le vendeur utilisera une finesse du langage commercial : le « on ».

Exemple

> *L'acheteur :* « Je n'ai pas envie de prendre ce photocopieur, les mensualités du crédit-bail sont trop lourdes et puis cette machine est trop perfectionnée pour l'usage que j'en ferais. »
> *Le vendeur :* « Je comprends. Dans ce cas, **on** pourrait commencer avec ce modèle là qui est un peu moins puissant, mais mieux adapté à vos besoins et surtout moins cher. Comme cela, **on** va pouvoir économiser sur les mensualités du leasing. »

L'utilisation judicieuse du « **on** » donnera au prospect le sentiment que le vendeur partage ses préoccupations et que la résolution de ses problèmes lui tient à cœur. Pour se montrer efficace, cette méthode doit être appliquée avec sincérité. La simulation est tout à fait déconseillée, tout la trahit : les gestes, les yeux, la voix. Mieux vaut donc s'abstenir que simuler.

Attention ! L'usage du **on** doit être ponctuel, trois ou quatre utilisations tout au plus. En effet, un usage abusif pourrait aller à l'encontre de l'effet recherché en discréditant le vendeur (les acheteurs ne sont pas naïfs au point de croire à la philanthropie commerciale).

RESPECTER LA DÉONTOLOGIE POUR VENDRE PLUS

« *Trompeurs, c'est à vous que j'écris, attendez-vous à la pareille* » (La Fontaine).

Si vous ne deviez retenir qu'une seule règle de ce livre, ce serait celle-ci : respectez la déontologie de la vente. Les maîtres-vendeurs, répétons-le, ne « filoutent » pas, ne « baratinent » pas. Quand on leur demande « Quelles sont, selon vous, les qualités qui font un vendeur exceptionnel ? », l'honnêteté ressort comme la vertu la plus souvent citée !

Trop de vendeurs ont tendance à n'attacher d'importance qu'à la vente immédiate, la vente à tout prix, occultant l'intérêt majeur qui consiste à satisfaire la clientèle pour la fidéliser. Qu'importe la vente s'il n'y a pas revente ? Comment une entreprise peut-elle se développer avec une clientèle éphémère ? La seule règle valable pour fidéliser une clientèle est de bien la servir, sans jamais la léser. Ne vous est-il jamais arrivé, dans un magasin de prêt-à-porter, d'enfiler un vêtement trop large ou trop étroit pour recevoir aussitôt les déclarations trompeuses d'un vendeur hypocrite (« Ça vous va **très** bien ») ou encore d'être poussé à la consommation sans avoir été questionné le moins du monde sur vos goûts ou votre budget : « Tenez, essayez-moi ce petit gilet, ça va vous plaire. » En général, vous en ressortez énervé et bien décidé à ne plus jamais remettre les pieds dans cette boutique. Voilà comment, en voulant forcer la vente, un vendeur perd à la fois la vente et le client.

Cependant, ceux qui causent le plus grand préjudice à leurs fonctions, ainsi qu'à l'entreprise qu'ils représentent, ce sont les marchands de fausses promesses. Fausses promesses sur la qualité, les performances, les délais de livraison... Dans ce domaine, il y en a pour tous les « dégoûts ». Que penser, par exemple, du vendeur-grossiste qui convainc le détaillant d'acheter des quantités considérables d'un « rossignol » (produit invendable dans le jargon des commerçants) qu'il a présenté comme un produit que les clients vont s'arracher ? J'appelle cela de la vente-suicide. Certes, le vendeur va pouvoir savourer sa victoire... Mais celle-ci sera de courte durée et lui laissera un goût amer. En effet, le client abusé dispose d'un arsenal de moyens pour faire payer au vendeur retors le prix de sa félonie : tout d'abord il le privera de toute nouvelle commande, laquelle filera droit dans l'escarcelle du concurrent direct. Ensuite, il ne manquera pas de lui faire une mauvaise publicité. Enfin, selon l'importance du préjudice causé, une pléiade d'ennuis pourra s'abattre sur l'entreprise du vendeur : refus de régler la marchandise, assignation en justice pour manipulations dolosives, etc. Assurément, le vendeur-suicide est le meilleur outil de promotion... des entreprises concurrentes.

Qu'est-ce donc que la déontologie en matière de vente ? Durant l'entretien de vente, c'est la loyauté de l'argumentation, la sincérité des promesses, la prise en considération des intérêts véritables du client. Une fois la vente conclue, elle consiste dans le respect des engagements, la défense des intérêts du client (et du fournisseur).

Enfin, à mi-chemin entre la déontologie et le « savoir-vivre commercial », le vendeur saura sortir du cadre formel de sa fonction pour rendre à ses clients, chaque fois qu'il le pourra, quelques services à titre gracieux, personnels ou professionnels, n'appelant pas de contrepartie patente. Cela dit, de l'aveu même des vendeurs d'élite, ces « cadeaux », qu'ils soient gratuits ou qu'ils masquent une attitude intéressée, constituent un ciment particulièrement puissant de la relation acheteur/vendeur. Leur pouvoir de fidélisation est remarquable. Voici à titre d'exemple, quelques attentions parmi les plus efficaces :

— Envoyez des clients à vos clients.

— Adressez à vos clients des documents, des informations, des articles de presse relatifs à leur marché, leurs préoccupations, voire leurs passions.

— Ne manquez pas, à l'occasion de la nouvelle année, d'offrir un cadeau personnalisé qui se démarque de l'éternel stylo-plume aux couleurs de la maison (ce qui implique que vous ayez abordé des sujets extra-professionnels avec votre client et relevé quelques-uns de ses centres d'intérêt personnels). Le philatéliste se verra ainsi offrir un beau timbre de collection, l'amoureux des voyages un ouvrage sur les îles lointaines, le mélomane deux places d'opéra, etc.

— Félicitez votre client à l'occasion d'un événement qui fait parler de lui.

— Donnez à votre client l'occasion de satisfaire une passion.

— Trouvez un stage rémunéré aux enfants étudiants de vos clients, ou trouvez-leur un « job » d'été.

Le vendeur étoile est celui qui, tout en respectant les principes de la déontologie, élabore avec ses clients une véritable relation de partenaires. Bien entendu, il serait illusoire de penser que ce type de rapport privilégié puisse se forger sur une première visite. Plusieurs mois sont souvent nécessaires avant que ne s'instaure une relation durable, empreinte de respect mutuel, voire d'affection réciproque. Mais lorsque le vendeur y parvient, lorsque acheteur et vendeur sont en phase, il est quasiment impossible, pour un concurrent, de déloger le vendeur « installé ».

Voici un exemple probant de succès commercial imputable en grande partie au respect de l'éthique. Tous les spécialistes de la fonction commerciale, pourtant si prompts à s'individualiser, sont unanimes : la vente de produits d'assurance-vie est l'une des plus formatrices pour qui désire s'initier aux techniques de vente.

Contact pris avec le Groupe Axa, je me rends à Nancy pour suivre Thierry d'Halluin, meilleur vendeur d'Alpha Assurances (entité Assurance-vie du Groupe Axa)... Croyez-vous que j'y aie rencontré un vendeur manipulateur, hâbleur ou beau parleur ? Non ! Le meilleur vendeur d'Alpha Assurances (600 commerciaux) n'a rien en commun avec l'image caricaturale qu'on se faisait autrefois du vendeur. Thierry d'Halluin se définit d'ailleurs comme un conseil en gestion de patrimoine : « *Je ne vends pas des produits, je préconise des solutions qui correspondent à un besoin donné* », aime-t-il à dire. « *Le vendeur d'assurance-vie qui "place" une police d'assurance sans s'assurer des attentes du client est comparable à celui qui place une bombe. Tôt ou tard, elle peut lui exploser au visage.* »

En fait, Thierry d'Halluin attribue sa réussite à son respect inconditionnel des règles de la déontologie. C'est en considération de ces dernières qu'il s'est fait le champion de la gestion de patrimoine, combinant les compétences du banquier, du conseiller juridique, du fiscaliste et de l'assureur : pour conseiller ses clients au mieux de leurs intérêts.

> « *Tout d'abord, lorsqu'un prospect vient me trouver, sur la recommandation d'un client, je dresse avec lui le bilan social et patrimonial de sa situation personnelle. Il s'agit de mettre en balance son patrimoine personnel (valeurs mobilières, immobilières, disponibilités, allocations familiales, vieillesse, etc.) avec ses desiderata immédiats ou futurs (par exemple s'assurer la retraite la plus confortable possible ; assurer la couverture de ses droits de succes-*

sion en cas de décès ainsi qu'une rente d'éducation à ses enfants, etc.), afin de mettre en exergue - avec l'aide d'un logiciel spécifique - les zones à problème ou les découverts de sa situation.

« Cette première étape réalisée, vient ensuite l'étude des solutions. Celle-ci, que j'effectue seul, représente une charge importante de travail. Enfin, lorsque le client revient, je lui expose différentes solutions, en attirant son attention sur celle qui me paraît être la plus avantageuse pour lui. Je veille à ce que chacune de mes recommandations soit solidement motivée, de façon à prouver au client que j'ai parfaitement compris son problème et que je respecte ses volontés. »

Exemple

Extrait d'entretien

« ... Compte tenu de vos exigences, je vous conseille d'investir vos liquidités dans un fond commun de placement obligataire via un contrat d'assurance-vie. Pourquoi ? Parce que c'est une formule souple, qui correspond à ce que vous souhaitez. Par exemple, vous pourrez effectuer des versements libres ou procéder à des retraits ; d'ailleurs, votre argent sera investi sur les mêmes véhicules financiers que beaucoup de produits bancaires. En revanche, vous ne serez plus assujetti à la fiscalité de droit commun mais à la loi de 1930 sur les produits d'assurance-vie. C'est-à-dire que votre réserve d'épargne ne rentrera pas dans votre actif successoral, et que vos droits de succession seront sensiblement diminués. D'autre part, les revenus et plus-values réalisés sur ce produit sont entièrement défiscalisés, toujours en application de cette fameuse loi... Un paradis fiscal en somme ! »

« Mon commissionnement immédiat importe peu, déclare Thierry d'Halluin, *seul l'aspect qualitatif de mes prestations m'intéresse. Ma rémunération, mon profit, si mon travail est bien fait, suit automatiquement. Car mes clients se rendent bien compte du sérieux que j'apporte à la gestion de leur dossier, à la défense de leurs intérêts, et cela de plusieurs manières :*

— en les informant toujours avec précision et complètement, quitte à leur vendre un produit moins rentable pour moi ; mais dans ce cas, je n'oublie jamais de leur faire connaître le sacrifice financier que je consens pour leur satisfaction ;

— en n'hésitant pas à rendre service, à titre gratuit. Il m'arrive aussi d'organiser de temps à autre, à l'intention de mes clients, des tables rondes sur un thème susceptible de les intéresser, par exemple "comment payer moins d'impôts en toute légalité", et je fais venir un spécialiste de la question, tel un fiscaliste, pour animer la réunion et répondre aux questions;
— en ne manquant jamais de les remercier pour la confiance qu'ils me témoignent en investissant chez moi.

Leur confiance gagnée, c'est alors qu'ils me récompensent :
— en augmentant le patrimoine dont il me confient la gestion (en achetant plus);
— en restant fidèles à mon cabinet. À cet égard, je suis fier de préciser que plus de 90 % de ma clientèle est fidélisée;
— en recommandant mes services à leurs amis, collègues ou membres de leur famille. Car ma meilleure publicité, c'est ma clientèle qui me "l'assure". À telle enseigne que je ne travaille plus, aujourd'hui, que par relations...

"C'est pour moi une certitude, on a tout à gagner à bien servir ses clients, à les défendre et les respecter!" »

Avant de clore ce chapitre, je voudrais vous transmettre cette ultime loi de la vente, qui s'inscrit dans la continuité du respect de la déontologie : **aimez vos clients**. Entre nous, vous leur devez bien ça. Ne vous honorent-ils pas en vous confiant leur bien matériel le plus précieux : leur argent ? Aimer son client, c'est lui adresser des louanges sincères, ménager son amour-propre, l'appeler par son nom, l'écouter réellement, vouloir son bien, partager ses joies, ses soucis, lui faire sentir son importance, être capable d'attentions gratuites, connaître ses passions, avoir de l'estime pour lui, en songeant qu'il la mérite... Et tout cela sans renoncer à votre personnalité car les « béni oui-oui » ne font jamais de bons vendeurs.

Vous pouvez me croire, le vendeur d'élite aime vraiment ses clients, et ceux-ci le lui rendent... Par des achats réguliers !

CHAPITRE 3

LA PSYCHOLOGIE AU SERVICE DE LA VENTE

La maîtrise des techniques de vente est indispensable au vendeur performant ; vous venez de l'acquérir. Toutefois l'apprentissage de la seule technique s'avère insuffisant dans l'optique de forger un vendeur complet ; d'autres qualités doivent s'ajouter à son portefeuille de compétences. En effet, bon nombre d'entreprises dispensent à leurs commerciaux des formations aux techniques de vente ; celles-ci ont pour effet indéniable d'élever le niveau de compétence et de performance des équipes commerciales dans leur ensemble. Mais on constate que sur le terrain, il ne se produit pas de nivellement des résultats : des disparités demeurent, et ce sont quelques vendeurs, toujours les mêmes, qui tiennent le haut du pavé. Quelles que soient les circonstances, ces derniers vendent toujours plus que leurs collègues.

De quelle manière le vendeur étoile se distingue-t-il donc des autres vendeurs ? Quels sont les autres facteurs clés du succès ? Cette fois, la réponse est du ressort de la psychologie au sens large du terme. En fait, deux éléments distincts concourent à la réussite :

– les qualités de psychologue du vendeur, indispensables pour mener à bien un entretien de vente, en particulier lorsque celui-ci évolue vers une négociation ;

– les qualités psychiques du vendeur, spécifiques à la vente, qui forment la communication non verbale et qui agissent sur le prospect comme autant de stimulateurs d'achat, par l'entremise de la séduction, de l'enthousiasme communicatif, etc.

En matière de formation commerciale, l'aspect psychologique de la vente est souvent laissé dans l'ombre. Pourtant, il mériterait autant d'égards (sinon plus) que sa consœur, la technique de vente. Pourquoi un tel manque d'intérêt ? Parce que la majorité des personnes considère que la psychologie de la négociation/vente ne peut pas faire l'objet d'un enseignement; celui-ci requerrait des mois, voire des années d'un apprentissage que seule l'expérience *in vivo* permettrait véritablement ! Quant aux facultés psychiques de chacun, elles feraient partie du patrimoine cérébral qui nous est dévolu à la naissance et qui constituerait les traits du caractère et de la personnalité de chacun. Que de savants clichés, qui mériteraient d'aller rejoindre le grenier des idées fausses et des contrevérités obstinées. Bien entendu, certains sont naturellement pourvus du don de la vente; séducteurs nés, techniciens intuitifs, ils appliquent d'instinct les règles fondamentales de la vente. Mais que les autres, qui n'ont pas reçu de don particulier de la fée du commerce, se rassurent : ils peuvent aussi devenir d'excellents vendeurs. La psychologie s'enseigne à l'université, et les possibilités de développement des facultés psychiques propres à chacun sont maintenant une réalité scientifique. Ainsi, le présent chapitre s'articulera sur deux plans.

Psychologie de la vente, tout d'abord. En premier lieu, nous étudierons les pièges et stratagèmes psychologiques dont usent les acheteurs pour déstabiliser le vendeur. Puis nous évaluerons les limites et les faiblesses de ces techniques d'achat, pour développer enfin la stratégie de riposte du vendeur. En second lieu, nous exposerons, en les expliquant, les règles essentielles de la négociation commerciale, et plus particulièrement celles de la négociation des prix, phase tant redoutée des vendeurs (que vous aborderez avec une réelle sérénité à l'issue de ce chapitre).

Psychologie du vendeur, ensuite. Nous analyserons chez le vendeur les qualités psychiques propres à favoriser la réalisation de la vente : motivation, enthousiasme, volonté seront passés au crible. En fin de chapitre, nous percerons les mystères de la séduction et du charme commercial.

N'en déplaise aux « vendeurs-nés » qui défendent jalousement le privilège de « leur sens inné et intransmissible de la vente », les techniques et conseils développés sont simples, efficaces et applicables par tous ! L'ensemble de cet enseignement est le reflet du « terrain », il émane de négociateurs/vendeurs confirmés, considérés comme les meilleurs de leur entreprise. Et bien que les produits vendus soient de nature totalement différente (ordinateurs, immeubles, chaussures ou sous-marins), c'est la similitude des techniques employées, la symétrie des conseils enregistrés ou la corrélation entre les diverses méthodes utilisées par tous ces vendeurs qui garantit la parfaite adaptabilité de cet enseignement à votre produit.

En ce qui concerne l'analyse des qualités psychologiques et psychiques du vendeur performant, ce sont dix-huit mois d'observations et d'interviews qui ont permis la réalisation du portrait-robot psychologique idéal. Néanmoins, en ce qui concerne le développement de ces facultés, nous avons fait appel à quelques intervenants extérieurs au monde de la vente mais faisant autorité dans le domaine du développement personnel. Leurs avis et recommandations ont été soumis au jugement critique des vendeurs et seules les idées jugées compatibles avec la réalité de ces derniers et ayant rallié la majorité du « jury » ont été admises à figurer dans ce chapitre.

Remarque

Dans ce chapitre, l'empreinte des meilleurs vendeurs apparaîtra moins visiblement qu'au cours des chapitres précédents, car un certain nombre de leurs employeurs ont tenu à conserver l'anonymat, afin de ne pas révéler leurs méthodes de négociation aux clients et prospects avec lesquels ils sont (ou pourraient être) amenés à traiter.

DÉJOUER LES PIÈGES DES ACHETEURS

Comment les acheteurs manipulent les vendeurs (les techniques d'achat démasquées)

« *Écoutez c'est fantastique, c'est exactement le produit que je cherchais et le prix est vraiment très attractif. Vous avez un stylo pour que je signe votre bon de commande ?* »

Allez, on ne rêve plus ! Les acheteurs, même les plus dociles, vous donneront du fil à retordre et vous devrez mériter votre salaire, car ils ne lâcheront pas leur argent avant d'avoir été rassurés sur la valeur de sa contrepartie. Jusqu'ici, pas d'inquiétude, vous connaissez vos produits, leurs caractéristiques, vous savez les traduire en bénéfices pour le client et vous êtes convaincu d'en donner au prospect pour son argent ! Mais lui ne l'entend pas forcément de cette oreille et peut vous opposer une fin de non-recevoir ou encore vous manifester son dissentiment.

Machination ou réalité, vous voilà déstabilisé. Désormais, la psychologie doit se substituer à la technique. Nul ne saurait en vouloir à l'acheteur de défendre ses intérêts en voulant acheter à moindre coût un produit/service qui l'intéresse. Aucune loi n'impose à l'acheteur de subir le jeu du vendeur ou ne lui interdit d'utiliser lui aussi des techniques visant à évaluer les qualités de son éventuel futur fournisseur. À plus forte raison, lorsque le prospect est un acheteur de métier, il n'y a alors plus d'ambiguïté, c'est sa fonction qui lui impose ces manipulations tactiques...

Voilà donc la joute psychologique qui s'engage. Et comme dans toute confrontation où la psychologie constitue l'arme suprême des combattants, celui qui connaît ou devine le jeu de la partie adverse accomplit un pas décisif vers la victoire. Par chance, les stratégies de la vente sont moins variées que celles du jeu d'échecs. Passons donc en revue les plus usitées des techniques d'achat susceptibles de désorienter le vendeur.

La carotte et le bâton

Que vous soyez ou non dans la fonction commerciale, vous avez forcément été victime de cette manipulation « géniale » qui, à l'instar des autres techniques d'achat, peut aussi être employée instinctivement par des acheteurs non professionnels.

Supposons, par exemple, que vous soyez un vendeur de solarium en rendez-vous dans un institut de beauté. Découverte des besoins bien orchestrée, présentation du produit rondement menée, objections réfutées, annonce du prix (15 000 francs). A ce moment, ô joie ! le verdict du prospect tombe : « *Ça me plaît beaucoup, c'est exactement ce qu'il nous faut* ». Il s'agit de la carotte. « *Mais je suis embarrassé, car je ne dispose que de 12 000 francs et pas un centime de plus* ». Voilà le bâton.

Ce type de situation comporte un grand nombre de variantes. La plus célèbre d'entre elles, celle qu'affrontent tous les vendeurs en business to business (d'entreprise à entreprise), c'est le budget : « *Votre journal est de grande qualité et correspond tout à fait à notre cœur de cible* » s'entendra dire le chef de publicité (vendeur d'espaces publicitaires), « *malheureusement, notre budget publicité est quasiment épuisé et ne nous permet pas de commander un emplacement* ».

Ou encore : « *370 000 francs pour la réalisation de cette maquette d'étude, cela me semble correct compte tenu du travail à effectuer* », commentera le directeur technique en découvrant le devis de l'ingénieur commercial, « *seulement, ma direction financière ne m'a alloué qu'un budget maximum de 300 000 francs pour ce projet!* »

En fait, l'usage de la « carotte » et du « bâton » peut s'interpréter de trois façons différentes.
– Timide, l'acheteur n'ose pas avouer au vendeur son manque d'intérêt pour le produit. Il se trouve un pseudo-coupable, invisible et inattaquable (une direction financière avare, une trésorerie défaillante, etc.) auquel il fera porter la responsabilité du refus de l'offre.
– Habile, l'acheteur entend obtenir une remise substantielle; pour se mettre à l'abri d'une négociation laborieuse, il évoque son intérêt pour le produit et déclare ne disposer en tout et pour tout que d'une somme équivalant au prix du produit diminué de la remise espérée.
– Sincère, l'acheteur souhaiterait véritablement se porter acquéreur du produit. Malheureusement, ses ressources financières réellement insuffisantes l'empêchent de réaliser la transaction.

L'ultimatum déguisé

Dans cette formule, l'acheteur ne masque plus son désir d'obtenir davantage de la part du vendeur. Mais l'astuce consiste pour lui à ne pas dévoiler de manière précise ses revendications. L'ultimatum déguisé prendra la forme d'un « *il faudrait faire mieux* » insinuant que l'accord est sur le point de se réaliser... à condition de baisser le prix. Dans quelles proportions ? « À votre bon cœur, monsieur le vendeur ! ».

Dans le cadre de cette manœuvre, le raisonnement de l'acheteur est le suivant : « 5 % de remise me satisferaient. Mais en usant d'un ultimatum déguisé, j'aurai peut-être la bonne surprise de me voir offrir une remise de 10 %, tandis que si je réclame 5 % de remise et qu'ils me sont concédés, je passe peut-être sans le savoir à côté d'une remise supérieure. »

L'ultimatum

C'est le procédé le plus éprouvant pour le moral du vendeur qui se voit infliger en guise de contre-offre, un véritable ultimatum : « *15 000 francs, ce télécopieur! Je vous en offre 12 000 francs et pas un centime de plus. C'est à prendre ou à laisser* ». Dans quelques secteurs fortement concurrentiels, ce procédé pourra exercer une forte pression sur le vendeur, surtout si celui-ci n'apporte que peu de valeur ajoutée au produit (cas des sociétés purement commerciales).

Exemple

> « Votre produit, je le connais, vos concurrents me proposent exactement le même. Tous m'accordent au moins 25 % de remise pour que je passe commande. Alors voilà, je vais être honnête avec vous, je ne veux pas vous faire perdre votre temps ; je n'accepterai de traiter avec vous que si vous descendez à 30 % de remise et pas moins. »

Le coup du « rabioteur »

Vous le connaissez certainement, vous l'avez sans doute utilisé en quelques occasions de votre vie. Il consiste à réclamer une ultime faveur avant de rendre les armes. Pour l'acheteur, c'est l'occasion d'obtenir un bonus sans débourser le moindre sou. En réalité, il ne s'agit là que d'une finasserie d'acheteur qui essaie de convaincre le vendeur que son achat est subordonné à l'obtention d'un bonus ou d'un cadeau supplémentaire.

Exemple

> • Cette lithographie me plaît bien. Je vous l'achète si vous m'offrez l'encadrement.
> • D'accord pour vous prendre ce tableur, si vous me faites cadeau de la souris.
> • Ok pour cette voiture, si vous m'offrez l'auto-radio.

Nouvelle épreuve psychologique pour le vendeur qui présumait la vente acquise et qui voit surgir un ultime obstacle en travers de son chemin commercial. Saura-t-il le franchir ?

La descente aux enchères

Certains acheteurs emploient cette tactique diabolique pour obtenir une remise maximale. Elle consiste à confronter ouvertement deux entreprises concurrentes et à faire descendre les enchères.

Exemple

Le vendeur : « [...] Je veux bien vous accorder 8 % de remise sur ce synthétiseur Yakatapé, mais je ne peux pas faire mieux. »

L'acheteur : « Ah bon ? Je ne comprends pas, la société Prélude m'accorde 10 % de remise sur le même produit. Vous savez, comme j'ai définitivement arrêté mon choix sur ce modèle, c'est avec celui qui m'offrira le meilleur prix que je ferai affaire. »

Le vendeur : « Attendez, je vais en parler à ma direction... [*Quelques minutes plus tard.*] Bon écoutez, à titre exceptionnel, ma direction vous accorde 12 % de remise. »

L'acheteur : « J'en prends acte. Je vous donne ma réponse rapidement... » « Allô, la société Prélude ? Vous m'avez proposé 8% sur un synthétiseur Yakatapé, je viens de consulter la société Kasstimpan qui m'a accordé 12% de remise. Si vous m'offrez mieux, je le prends chez vous ! »

L'acheteur peut aussi confronter le vendeur à un concurrent imaginaire, inventé de toutes pièces et qui consentirait des remises toujours supérieures à celles du vrai vendeur. Lorsque le vendeur authentique ne peut plus surenchérir sur son rival fantôme, c'est qu'il a atteint sa remise maximale. C'est à ce moment que l'acheteur passe sa commande.

Le miroir aux alouettes

Cette tactique consiste à faire miroiter au vendeur la perspective d'une commande future, plus importante, pour légitimer une demande de remise.

Exemples

• *L'acheteur :* « Vous savez, si votre produit satisfait notre service marketing, ce sont les 47 agences du groupe qui vous l'achèteront. Alors vous pouvez nous faire un prix sur cette première commande. »

• *L'acheteur :* « Minimisez au maximum le prix de réalisation de la maquette, comme cela, c'est vous que la direction technique retiendra. Et vous savez qu'ensuite, celui qui aura conçu la maquette sera le mieux placé pour décrocher la manne du budget global que représente ce projet. »

En fait, deux catégories d'acheteurs se partagent l'usage de cette technique.
– Minoritaires, les acheteurs sincères disposent d'un réel pouvoir d'achat, qu'ils destinent véritablement au vendeur. Pour en bénéficier, ce dernier devra réussir son examen de passage : fournir un produit/service de qualité, et s'acquitter d'un droit d'entrée : la remise.
– Majoritaires : les « manipulacheteurs ». Qu'il soit réel ou illusoire, le pouvoir d'achat de ces derniers n'est que poudre jetée aux yeux du vendeur, dans le seul but de le mystifier. Compression des prix, amputation des marges du vendeur, la vente se conclura au seul bénéfice de l'acheteur, qui jamais ne récompensera le sacrifice du vendeur.

Le faux sous-fifre

Il est à 100 % un décideur, mais se garde bien de le dévoiler. Généralement, cet acheteur se fait passer pour un intermédiaire entre sa direction et le vendeur, ses supérieurs étant présentés comme les véritables acheteurs. S'il est frustrant pour le vendeur de négocier avec un porte-parole dénué de tout pouvoir de décision, le faux sous-fifre, en revanche, jouit d'une situation tout à fait confortable.
– Il peut retarder sa décision aussi longtemps qu'il le désire, en prétextant que « *la direction n'a pas encore étudié l'offre* » ou qu'« *elle attend d'autres propositions pour arrêter son choix* ».
– Il peut réclamer au vendeur une diminution de ses prix, sans autre souci d'explication, puisque « *la direction trouve le prix trop élevé, de meilleures offres lui ont été soumises* ».

Souvent, considérant son vis-à-vis comme un intermédiaire sans réel pouvoir, le vendeur ne juge pas utile de développer ses arguments et ne s'en tient qu'à l'objection concernant le prix que lui a opposée la direction fantôme. Dès lors, le vendeur ne croira trouver son salut que dans sa seule capacité à consentir une remise supplémentaire.
– Enfin, il peut décliner l'offre sans en assumer personnellement la responsabilité ni subir la pression du vendeur. En effet, « *La direction a retenu un autre dossier. Moi, j'étais favorable au vôtre, mais malheureusement ce n'est pas moi qui décide* ». Diplomatie ou hypocrisie ?

Stratégie de riposte du vendeur psychologue

« *L'art d'être tantôt très audacieux, tantôt très prudent est l'art de réussir* » (Napoléon Bonaparte).

Au kendo, art martial japonais par excellence, un combattant peut s'avouer vaincu sans même avoir combattu s'il juge son adversaire psychologiquement supérieur. À n'en point douter, la psychologie constitue une arme redoutable et l'acheteur qui fait usage des techniques exposées plus haut nous a démontré son habileté à la manier.

À ce stade de la négociation, bon nombre de vendeurs, tels le kendoka, déclarent forfait et, sans même croiser le fer, concèdent des remises et font des concessions. Mais le négociateur/vendeur d'élite ne désarme pas, il se défend pied à pied en usant de toutes les armes à sa disposition, tant et si bien qu'au bout du compte, il réalise un plus grand nombre de ventes, sauvegarde ses marges et parvient à satisfaire ses clients (mieux que ne le font les marchands de ristourne). Pour vous permettre d'en faire autant, analysons en profondeur la nature de cette défense. Dans un souci de clarté, nous avons décomposé la stratégie de riposte du vendeur en trois étapes.

Connaissance de l'acheteur et de ses techniques

« *De toute façon, le dicton "connais-toi toi-même" n'est pas bien dit. Il eût été plus juste de dire "connais autrui"* ». Ménandre, *Thrasyléon.*

Le vendeur de talent ne se laisse pas abuser par les manipulations dolosives et déstabilisatrices des acheteurs. Il connaît les techniques d'achat (*cf.* « Comment les acheteurs manipulent les vendeurs ») et, par conséquent, il est à même d'identifier les pièges qui lui sont tendus. Cependant, pour pouvoir contourner les chausse-trapes et lancer une véritable contre-offensive, le vendeur se doit de maîtriser une autre variable : la personnalité de l'acheteur lui-même. La tâche est plus aisée qu'il n'y paraît.

Quels que soient ses pouvoirs, son caractère, sa personnalité de façade, l'acheteur n'est jamais qu'un *Homo sapiens* ! Son appartenance à l'espèce humaine lui attribue *de facto* la vulnérabilité commune à tous les hommes.

L'acheteur a besoin d'être apprécié, reconnu, aimé

On ne le répétera jamais assez : tout ce qui vous permet de valoriser votre prospect, de lui donner l'impression qu'il suscite l'affection sera profitable à votre carnet de commandes.

L'acheteur a besoin d'être reconnu dans ses compétences professionnelles

Mériter son salaire, être reconduit dans ses fonctions, faire bonne impression sur ses employeurs, voilà ce qui préoccupe également l'acheteur salarié qui tient à conserver son emploi et à voir augmenter ses responsabilités, comme tout employé avisé. Si votre produit lui permet d'obtenir la reconnaissance de ses pairs et d'atteindre ses objectifs, si votre prestation est un facteur de succès pour son entreprise, le prix n'aura qu'une importance secondaire.

L'acheteur ne veut pas travailler plus qu'il n'est nécessaire

Laxisme ? Non, pragmatisme ! Vous avez les moyens de simplifier la vie de vos clients ? N'hésitez pas ! Chaque goutte de sueur économisée jouera en votre faveur.

Exemples

• Trois fois par semaine, Laurent Schmitt (société Kellogg's) n'hésite pas à se rendre à 6 h 30 du matin dans l'hypermarché auprès duquel il a négocié une tête de gondole quelques jours plus tôt. C'est donc lui qui se charge de monter les cartons de l'entrepôt, de déballer la marchandise, de placer les produits en tête de gondole et d'en profiter pour réapprovisionner et réorganiser (selon des règles rigoureuses de merchandising) les linéaires Kellogg's du rayon céréales. Il explique ainsi son attitude : « *Le chef de rayon vous reste toujours reconnaissant de l'aide que vous lui avez apportée. Lorsque vous revenez quelque temps plus tard pour prendre une nouvelle commande ou négocier une nouvelle TG (tête de gondole), il s'en souvient... !* »

• La société Éric France vend des solutions informatiques globales comprenant matériel, logiciels, maintenance, formation et financement. Certes, l'acheteur ferait certainement quelques économies en se procurant lui-même le matériel, en contractant un service de maintenance avec une société tierce et en négociant auprès de son banquier un taux de crédit avantageux. Mais a-t-il seulement le temps de s'en occuper ? N'est-il pas plus simple, pour lui, de n'avoir qu'un seul interlocuteur, un seul responsable ? Et dans ce cas, le supplément de prix n'est-il pas justifié ?

L'acheteur ne veut pas d'ennuis

« *Pfff ! Les clients sont tous les mêmes, quand ils achètent, ils veulent ce qu'il y a de moins cher, et quand ils ont payé, ils veulent de la qualité !* » Ce constat en forme de complainte revient fréquemment dans la bouche de certains vendeurs. Pour ma part, je pense qu'il n'y a pas lieu de s'alarmer de cet état de choses. Il y a à cela deux raisons : tout d'abord, si les acheteurs étaient disposés à payer le prix fort, sans négocier, n'importe quel produit sous prétexte que le vendeur le leur propose, notre beau métier de commercial n'aurait plus lieu d'être ; nous serions inévitablement remplacés par des catalogues et des distributeurs automatiques... Cette réflexion démontre ensuite que l'acheteur est attaché à la notion de qualité : il attend de son achat le minimum d'ennuis et le maximum de satisfactions. Qu'il essaie d'obtenir de meilleures conditions est tout à fait naturel, sinon de bonne guerre. Il revient au vendeur d'exercer son métier, d'argumenter, de justifier, et de défendre ses prix en prouvant leur légitimité (*cf.* « La riposte du vendeur »). Quoi qu'il en soit, sachez que les composantes qualité et « zéro problème » pèseront lourdement dans le choix de l'acheteur. Pour vous en convaincre, voici quelques sentiments courants rencontrés chez les acheteurs que la perspective du problème survenant après l'achat inhibera, et ce, en dépit de leur intérêt manifeste pour le produit. Une fois de plus, le prix est relégué au second plan.

- Cette voiture étrangère est merveilleusement dessinée, elle correspond exactement au type de voiture que je recherche. Malheureusement, cette firme n'est pas bien implantée en France. En cas de problème, il faudra importer les pièces détachées, ce qui signifie 15 jours d'immobilisation du véhicule. Je ne peux pas envisager un tel risque.
- Ce logiciel de base de données est vraiment performant. C'est à croire qu'il a été développé pour nous. Malheureusement, cet éditeur de logiciel n'a pas l'air très solide, s'il venait à disparaître, nous n'aurions plus de service après-vente, plus de nouvelles versions, et comment faire évoluer notre système ensuite ? Cela, nous ne pouvons pas nous le permettre.
- Ce chemisier est magnifique et il me va comme un gant. Seulement, la matière a l'air fragile. S'il doit s'abîmer dès le premier lavage en machine, ce n'est pas la peine.

L'acheteur ne sait pas tout, il a souvent besoin d'aide

Nous autres vendeurs, avons parfois la naïveté de penser que l'acheteur sait toujours ce qu'il veut. La réalité est parfois plus complexe. Ainsi, pour ne pas apparaître démuni face au vendeur, l'acheteur affiche des certitudes qui ne sont en vérité que des boucliers destinés à le protéger de la pression de son interlocuteur. Plus fréquemment, l'acheteur semble persuadé de la pertinence de ses désirs, alors qu'il ne s'agit que de sentiments fugaces.

Les agents immobiliers sont coutumiers de ce type d'acheteurs ; combien de prospects voient-ils entrer en portefeuille, annonçant par exemple, comme critère absolu de recherche, un appartement neuf de quatre pièces, exposé plein sud, dans le quartier A, et qu'ils retrouvent quelque temps plus tard propriétaires d'un trois pièces exposé plein nord dans un immeuble ancien du quartier Z !

Derrière son masque de certitude, l'acheteur est en proie au doute. Et plus l'achat revêt de valeur à ses yeux, plus le doute est grand. Plusieurs craintes l'assaillent.

- Vais-je faire une bonne affaire ?
- Comment cela se passera-t-il réellement en cas de problème ?
- Ne puis-je pas trouver mieux ailleurs ?
- Ne va-t-on pas me reprocher cet investissement ?
- Je ne connais rien dans ce domaine, ce vendeur est-il sincère ? Il avait l'air hésitant au sujet du service après-vente.

À vous de le rassurer, de l'aider à prendre la bonne décision... c'est-à-dire acheter votre produit. L'acheteur vous sera reconnaissant de lui fournir des explications solides, des preuves tangibles, de lui donner des éléments de comparaison probants. Un visage hermétique, un esprit méfiant, sont les marques du client qui a besoin d'aide. Une fois de plus, le professionnalisme (argumentation cohérente, aide à la décision, preuves irréfutables, etc.) et le sérieux prendront le pas sur le prix.

Avant de livrer bataille

Le débat est engagé, le client réclame un rabais, une remise ou toute autre faveur commerciale n'entrant pas dans le cadre initial de l'offre du vendeur. Comment réagir ? Avant de lancer toutes ses ressources dans la négociation, voici quelques réflexions et conseils tactiques de maîtres-vendeurs destinés à vous permettre d'aborder cette étape avec les meilleures chances de succès.

Jean-Yves Simon — directeur commercial d'Agena donne le la : « *En négociation, la qualité première du bon vendeur est... de savoir dire* **non** *!* ». Le ton est donné : **oui** à la négociation, mais sans jamais s'écarter d'un cadre de référence. En d'autres termes, avant d'entamer une quelconque discussion, et en fonction de l'enjeu commercial, définissez les limites précises de la négociation en dehors desquelles vous renoncerez à la vente. Bien évidemment, à l'intérieur de ce cadre, il s'agira de préserver le mieux possible les instruments de la négociation (marges, délais, etc.).

Exemple

> « Compte tenu du potentiel que représente ce client, en cas de négociation serrée, j'accorderai jusqu'à 6 % de remise pour toute commande de 500 pièces et 8 % pour 1 000 unités. Je m'interdis catégoriquement d'accepter toute remise supérieure à celles-ci, étant entendu que j'essaierai de défendre jusqu'au bout le prix initial sans remise. »

Pourquoi cette contrainte de départ est-elle fondamentale ? Parce que si vous la négligez, l'acheteur ne tardera pas à vous attirer hors des limites du jeu, sans même que vous y preniez garde, tant le désir de conclure l'affaire risque de vous aveugler. Tous les vendeurs expérimentés le savent, il est des ventes auxquelles il faut savoir renoncer (qui coûtent plus qu'elles ne rapportent), voire des clients qu'il vaut mieux envoyer chez le concurrent.

De même, la vérité de l'acheteur n'a pas valeur universelle. Tous les à priori, les jugements et considérations négatives à l'encontre de votre produit et/ou société sont susceptibles de se modifier. « *Les paroles dites au matin n'ont pas au soir même destin* », dit le proverbe. Ne vous est-il jamais arrivé d'acheter un produit que vous aviez décrié quelque temps plus tôt ? Or, c'est précisément le métier du vendeur que de convertir un prospect suspicieux ou détracteur en un client convaincu et prosélyte. Face aux objections, tant sur la qualité que sur le prix, ne vous avouez jamais vaincu d'office, au prétexte que le client a toujours raison. Expliquez, argumentez, persévérez, mais de grâce, n'abandonnez **jamais** au premier coup de semonce. Car il ne s'agit souvent que d'une intimidation ! Voyez le « rabioteur », par exemple. Vous souvenez-vous ? L'acheteur qui réclame un petit cadeau pour s'engager. Certes, il est d'usage, dans certaines circonstances, d'accorder une faveur, et je n'exclus pas que les clients fidèles ou d'un grand poids commercial aient droit à quelques gestes commerciaux. Mais pensez-vous qu'un prospect renoncerait à la voiture de ses rêves parce que le vendeur refuse de lui offrir un auto-radio ? Définitivement, non ! Le coup du rabioteur, dans tous les cas, n'est qu'un épouvantail. Les vendeurs qui s'y laissent prendre n'y « gagnent » qu'un effritement supplémentaire de leurs marges.

Autre conseil. Il arrive que le vendeur détienne de réels pouvoirs (pouvoir de mener l'entretien à sa guise), dont il n'a pas conscience ; et bien qu'il soit en position de force, il continue de subir le diktat de l'acheteur ! Il est grand temps de renverser cette situation.

Par exemple, lorsque l'acheteur sollicite spontanément le vendeur, il se trouve en position de demandeur, donc d'infériorité. Et si par mégarde il commet l'imprudence de dévoiler qu'il recherche désespérement le produit Y ou la prestation Z, que le vendeur est en mesure de fournir, il ne sera bien sûr pas question d'accorder la moindre remise !

Les impairs de l'acheteur qui placent le vendeur en position dominante sont plus fréquents qu'il n'y paraît. En prenant un peu de recul vis-à-vis de la discussion commerciale, vous saurez les déceler sans peine.

Quelques « perles » courantes :

> « Pouvez-vous m'envoyer un devis très rapidement, nous sommes pressés... »
> Dès que l'acheteur manifeste un sentiment d'urgence, le vendeur dispose de l'avantage. Le prospect n'a plus le temps d'étudier les offres, de comparer les prix et par conséquent de les négocier. Pour cet acheteur, le facteur délai (de livraison, d'installation, d'intervention...) prime largement l'élément prix.
>
> « On ne veut plus avoir de problèmes ! »
> En règle générale, l'acheteur qui a souffert ne se laisse plus émouvoir que par un seul argument : la qualité. Le désir de se prémunir contre tout nouveau souci constituera désormais son mobile principal. Et le prix dans tout cela ? Même s'il s'en défend, notre acheteur sera prêt à payer le prix fort... pourvu que sa tranquillité soit garantie.

La riposte du vendeur

Avant d'examiner les ripostes spécifiques aux techniques d'achat évoquées plus haut, attachons-nous d'abord à l'étude du cas général, fil conducteur de toute réfutation de prix.

Riposte au cas général

Attaque classique de l'acheteur : « *Vous êtes trop cher!* » Dans tous les cas de figure, le vendeur n'opposera qu'une seule et même réplique à ce type d'assertion : « *Trop cher? Mais à quel point de vue ?* », ou : « *Par rapport à quoi ?* ». Cette réplique aura un effet déstabilisant pour le prospect, en introduisant un premier doute dans son esprit. Il sera en effet contraint de sortir de sa réserve et de préciser sa pensée. La plupart du temps, les explications qu'il improvisera se révéleront bien pauvres, se limitant à une comparaison du produit/service avec celui supposé équivalent de la concurrence. Or, ce produit concurrent, le vendeur le connaît sur le bout des doigts, et notamment ses défauts et points d'infériorité par rapport à ses propres produits. Dès lors, il peut se défendre efficacement et justifier ses prix. Car c'est en cela que consiste la riposte du vendeur : justifier ses prix. Il faut savoir qu'aucun produit, aucun service ne possède d'exact équivalent ; il en résulte que chaque prix peut se justifier de manière spécifique. Soit, j'en conviens, rien ne ressemble plus à une tablette de chocolat Scrountch vendue 12 francs en supermarché, qu'une autre tablette de Scrountch à 14,20 francs chez l'épicier du coin... Avec cette différence que la clientèle de ce dernier bénéficie d'un service de proximité, d'horaires d'ouverture plus souples et d'un contact humain plus chaleureux (qu'on ne saurait trouver dans l'univers aseptisé des labyrinthes glacés des supermarchés). Cela ne justifie-t-il pas un supplément de prix ?

Quel que soit votre produit ou votre prestation, tôt ou tard, un acheteur vous demandera de justifier votre prix (ou vous engagera à le défendre); c'est pourquoi le vendeur averti doit préparer, méditer sa parade, tant il est vrai que la justification du prix ne souffre pas l'amateurisme. Car, lorsqu'il est question de son argent, le degré de vigilance et de perspicacité de l'acheteur atteint des sommets. Une explication confuse, une démonstration hasardeuse peuvent suffire à disqualifier le vendeur et son produit.

En marge de mon métier de vendeur, ma fonction de dirigeant de PME m'amène à recevoir un grand nombre de commerciaux qui viennent me proposer toutes sortes de produits et services. Chaque fois, je ne puis m'empêcher de tester leur professionnalisme, et notamment leur aptitude à justifier leurs tarifs. Résultat : pour leur défense, la grande majorité des vendeurs se contente d'arguments improvisés et d'affirmations gratuites, trahissant par là-même toutes les lacunes de leur formation.

Témoin de l'incapacité de certains vendeurs à mener à bien la négociation du prix, l'exemple suivant : il y a quelque temps, lorsque la moquette de nos locaux donna quelques signes de fatigue, il fut question de la remplacer par un parquet en bois. Noblesse et esthétique du matériau, facilité d'entretien et résistance à l'usure, de solides arguments plaidaient en faveur du bois. Seule difficulté pour le vendeur : justifier un prix élevé. Trois vendeurs se sont succédé, trois parodies de justifications se sont enchaînées. Certaines plaidoiries faisaient parfois peine à entendre. Voici le texte type (commenté et corrigé) de cette confrontation acheteur/vendeur sur la question du prix.

Le prospect : « Effectivement, un parquet en chêne, ça a de l'allure ! Combien est-ce que ca coûte ? »

Le vendeur : « Il faut compter 375 francs le mètre carré, pose comprise. »

Le prospect : « 375 francs ? C'est cher ! »

Le vendeur : « Oui, mais il faut voir la qualité »

L'offensive du prospect ne méritait qu'une seule réponse : « *Par rapport à quoi ?* ». En effet, est-ce trop cher par rapport au carrelage, à la moquette, à une autre essence de bois ou par rapport à un produit similaire de la concurrence ? Quant à la réplique insipide du vendeur, elle ne démontre rien.

Le prospect : « D'accord, mais une belle moquette d'entreprise, cela coûte deux fois moins cher ! »

Le vendeur : « Oui, mais là, vous avez du bois, ce n'est pas du tout la même chose. »

Justement, quels sont les avantages du parquet par rapport à la moquette ? Qu'est-ce qui justifie un investissement plus lourd ?

Le prospect : « Vos concurrents m'ont proposé un parquet à 340 francs le mètre carré ! »

Le vendeur : « C'est normal, ce n'est pas la même qualité. Moi, je peux vous le dire, je connais bien les produits concurrents ; aucun ne supporte la comparaison avec les nôtres. Là-dessus, je suis tranquille. »

Succession d'affirmations gratuites, sans intérêt pour l'acheteur, d'autant que tous les vendeurs tiennent le même discours. Il est à noter que le prospect, en cette fin d'entretien de vente, ne dispose toujours d'aucun élément de comparaison tangible.

Justifier, c'est argumenter. Or, nous le savons, une argumentation de choc se médite avant de se construire. De même, pour être efficace, la justification du prix doit faire l'objet d'une véritable préparation, celle-ci consistant à élaborer avec soin et méthode (méthode de l'avantage) des arguments aptes à répondre à des exigences de clarté, d'authenticité et de pertinence ! Tout ceci n'est que bon sens, me direz-vous. Certes ! Mais faut-il encore en faire usage, car la réalité telle qu'on peut l'observer sur le terrain démontre formellement que la plupart des vendeurs négligent toujours ce travail fondamental de préparation.

Si seulement notre vendeur de parquet avait mis en application les quelques principes exposés ci-dessus, le bon de commande signé se trouverait certainement en sa possession, car l'entretien se serait, selon toute vraisemblance, déroulé comme suit :

> *Le prospect :* « ... Effectivement, un parquet en chêne, ça a de l'allure. Combien cela coûte t-il ? »
> *Le vendeur :* « Il faut compter 375 francs le mètre carré, pose comprise. »
> *Le prospect :* « 375 francs ? C'est cher ! »
> *Le vendeur :* « Cher ? Par rapport à quoi ? »
> *Le prospect :* « Eh bien, par rapport à une moquette d'entreprise, c'est deux fois plus cher. »
> *Le vendeur :* « Vous avez raison, un parquet en bois coûte plus cher en valeur absolue, mais pas en valeur relative : une belle moquette d'entreprise vous reviendra à 190 francs le mètre carré et vous la garderez cinq ans au maximum. Un parquet en bois, quant à lui, a une durée de vie de l'ordre du siècle, son degré d'usure étant d'un millimètre tous les vingt ans ! Ainsi, rapporté à sa durée de vie, le mètre carré de parquet vous coûtera 3,75 francs par an contre 38 francs pour la moquette ! Le bois coûte donc dix fois moins cher ! Et en plus, il donnera à vos bureaux un caractère prestigieux que le bois seul peut offrir. Et vous m'avez dit, tout à l'heure, que dans votre métier, l'image de marque comptait beaucoup.
> On peut mettre encore dans la balance le fait qu'un parquet réclame moins d'entretien, qu'il embellit avec l'âge, etc. »
> *Le prospect :* « C'est vrai, nous avons tout avantage à mettre du bois au sol. Toutefois, je dois vous dire que vos concurrents sont moins chers que vous, ils nous ont fait une offre à 340 francs le mètre carré ! »

Le vendeur : « C'est possible, car il existe différentes essences de bois, y compris de chêne. Quel type de bois vous ont proposé nos confrères ? »

Le prospect : « Il s'agissait de chêne naturel. »

Le vendeur : « Je comprends mieux maintenant. Nous aussi pouvons vous proposer du chêne naturel à ce prix-là. Cependant, c'est vous qui, en feuilletant notre catalogue, avez choisi cette variété de chêne, plus rare, donc plus chère, en l'occurrence du chêne royal de premier choix. Les deux matières se valent en qualité, elles ne diffèrent que par leur couleur et par leur prix, le chêne royal étant plus précieux.

Maintenant que vous disposez de tous ces éléments, penchez-vous toujours pour le chêne royal, ou désirez-vous revenir à un chêne plus traditionnel de type naturel ? » [*Fausse alternative.*]

L'acheteur : « Je préfère quand même le chêne royal. »

Le vendeur : « Il nous en reste suffisamment en stock pour pouvoir vous livrer et vous l'installer dès la semaine prochaine. Voulez-vous que l'on convienne d'une date dès à présent ? »

En réalité, la véritable question n'est pas de savoir si l'on est cher ou bon marché, mais si le prix est en adéquation avec la valeur exacte du produit. C'est cette notion de valeur exacte qu'il convient d'expliciter. Généralement, le prix est considéré comme étant le résultat d'opérations mathématiques consistant à cumuler les différentes charges afférentes au produit : matières premières, salaires, amortissement des machines, publicité, taxes, etc., auxquelles vient s'ajouter en dernier lieu le bénéfice escompté par la direction. On estime ensuite que le prix définitif s'obtient au moyen d'un ajustement tenant compte des courbes sécantes de l'offre et de la demande.

Ce mode de calcul rigoureux était en vigueur chez la plupart des hommes de gestion, jusqu'à ce que le marketing y intègre une nouvelle donnée : l'aspect psychologique du prix. En effet, lorsqu'un acheteur décide de répondre à une offre, il paye le produit lui-même, mais il achète avec lui les autres éléments, de nature psychologique, dont il est assorti : une image de marque, un statut social, un rêve, un imaginaire... Autant de données difficiles à chiffrer, mais qu'il convient d'inclure dans la fixation du prix. En outre, c'est à partir de cette observation que le marketing a introduit la notion de prix psychologique optimum (appelé encore prix d'acceptabilité), allant à l'encontre du principe qui veut que la demande soit une fonction décroissante du prix.

Le consommateur associant prix et qualité, on constate en effet que jusqu'à un certain prix, la demande s'accroît, car la qualité perçue par le consommateur augmente. Au-delà de ce seuil, la règle habituelle reprend ses droits : la demande diminue à mesure que le prix augmente.

Exemple

> Avant le lancement d'un micro-ordinateur, les services marketing de la société I.. avaient proposé un prix de 11 500 francs. Une étude de prix d'acceptabilité montra que les clients jugeaient ce prix trop bas (au regard de la qualité du produit). Il fut donc lancé à un prix supérieur, ce qui entraîna deux avantages pour la firme : plus de ventes, plus de marge.

Plus étonnant, la réciproque est également vérifiable, à savoir qu'une baisse de prix peut entraîner une diminution des ventes, car le contenu symbolique du produit est parfois lié au prix. Il est à noter cependant que ce constat concerne quasi exclusivement les produits haut-de-gamme, ou considérés comme prestigieux.

En résumé, pour justifier ses tarifs et défendre ses prix avec efficacité, le vendeur doit :
– démontrer ou redémontrer les qualités de ses produits et une fois de plus les transformer en avantages pour le client;
– persuader l'acheteur de la supériorité de son produit/service par rapport à ceux des concurrents, et ce, au moyen de preuves irréfutables (sachant que tous les produits ont une supériorité à faire valoir ou une spécificité à revendiquer). Le vendeur à l'écoute des besoins du client transformera aussitôt ces spécificités en avantages pour celui-ci.

En outre, le vendeur « cher » devra se souvenir de la notion de prix psychologique optimum qui conduit tout acheteur à s'imaginer que « ce qui est cher est de bonne qualité » (et de ce que l'acheteur, hormis lorsque de véritables contraintes budgétaires lui sont imposées, attache plus d'importance à la qualité qu'au prix).

Pour le vendeur formé, préparé et motivé, un prix élevé n'est plus un handicap. La preuve : la majorité des vendeurs des sociétés IBM, Caterpillar, Cartier, Matra Communication, etc. (sociétés réputées vendre cher, voire beaucoup plus cher que leurs concurrents, et néanmoins leaders sur leur marché) atteignent leurs objectifs de vente, et les meilleurs d'entre eux accomplissent de véritables prouesses commerciales. Comment s'y prennent-ils réellement ? Ils appliquent à la lettre les règles énoncées plus haut, comme le démontrent les deux exemples suivants :

Premier exemple

Voici Gérard Kœstel, vendeur d'élite chez Matra Communication, justifiant les quelque 50 000 francs d'écart entre ses tarifs et ceux de son principal rival.

Le vendeur : « Vous êtes d'accord avec moi pour dire que ce matériel correspond à vos besoins ? »
L'acheteur : « Oui, certes. Mais il coûte 50 000 francs de plus. Et cela fait beaucoup ! »
Le vendeur : « Si vous le voulez bien, voyons ensemble ce que cela représente. [*Il sort un papier et un crayon.*] Vous amortissez votre matériel sur 5 ans. La différence de prix est donc de 10 000 francs par an. Ces 10 000 francs viennent en déduction des bénéfices. L'impôt sur les bénéfices étant de 34 %, la différence de prix n'est donc en réalité que de 6 600 F par an ; c'est-à-dire de 550 francs par mois soit 26 francs par jour ouvrable.
À combien estimez-vous la perte financière que causerait à votre société une journée sans téléphone ? »
L'acheteur : « Ce serait catastrophique ! Nous ne travaillons que par téléphone ; nos clients ne pouvant joindre notre société, cela représenterait un dommage considérable. »
Le vendeur : « Il vous faut donc une installation téléphonique fiable réalisée dans les règles de l'art, afin de minimiser les risques, et un installateur capable de fournir les moyens et les hommes, afin de réagir très vite en cas de besoin. Qu'en pensez-vous ? »
L'acheteur : « C'est tout à fait cela, il m'est indispensable de pouvoir rester en permanence relié avec l'ensemble de mes clients. »
Le vendeur : « Monsieur, Matra Communication Paris-Ile-de-France, c'est 500 personnes constamment à votre service, dont plus de 300 techniciens formés régulièrement dans nos usines de production, afin d'assurer la maintenance de votre installation, car pour nous, la qualité de service est notre raison d'être ! C'est pourquoi nous investissons énormément dans les hommes et les moyens mis à leur disposition, afin de vous assurer un ser-

vice de qualité. À titre indicatif, voici le baromètre de satisfaction de nos clients que nous éditons trimestriellement. Voyez les paramètres : accueil client, rapidité et qualité d'intervention, satisfaction générale... Comme vous pouvez le constater, les notes que nous attribuent nos clients témoignent on ne peut mieux de la qualité extrême de nos produits et services. D'ailleurs, si vous le désirez, vous pouvez appeler et interroger directement un ou plusieurs de nos clients...
Vous voyez, Monsieur Dufil, voilà comment, pour 26 francs par jour, la sécurité totale de votre installation téléphonique est assurée. Qu'en pensez-vous ? »
L'acheteur : « Effectivement, je préfère investir un peu plus et avoir l'esprit tranquille. »

Second exemple

Marc Lesage (société Lesage Représentation), vendeur émérite, commercialise des produits sportifs (pour le golf). Son distributeur de balles de golf est sans conteste le plus cher du marché. En moyenne, ses prix de vente sont supérieurs de 60 % à ceux de ses concurrents. Ecoutons-le défendre ses prix.

L'acheteur : « 55 000 francs votre distributeur de balles ? C'est insensé, la société X m'en propose à 33 000 francs ! »
Le vendeur : « Monsieur Swing, si mon produit était identique à celui de mes confrères, je serais plutôt effronté de me présenter à vous avec un tel prix. »
L'acheteur : « Voyons monsieur Lesage, on ne demande pas à un distributeur de balles d'accomplir des miracles, mais de remplir un seau de balles chaque fois que l'on insère dans le monnayeur le montant approprié... Et ça, tous les distributeurs de balles savent le faire ! »
Le vendeur : « Vous avez raison. Cela dit, il y a œuf et œuf, voiture et voiture. Entre mon produit et celui de mes concurrents, il y a autant de différences qu'entre une Mercédès et une Lada. Permettez-moi seulement de vous exposer tous les avantages que vous pourrez tirer de notre appareil et vous réaliserez ensuite à quel point son prix est justifié, voire économique. »
L'acheteur : « Bon, allez-y, je vous écoute. »
Le vendeur : « Côté joueur tout d'abord. Avec cet appareil, vos membres connaîtront le plaisir de jouer avec des balles d'une par-

faite propreté [*promesse de confort et de nouveauté*]. Grâce à son dispositif de lavage multiplan, les balles sont lavées et nettoyées dans tous les sens. Or tous les produits concurrents n'offrent qu'un système de brossage horizontal, si bien qu'à l'issue du nettoyage, la moitié de la balle n'est pas débarrassée de sa terre et de ses impuretés. Habituellement, dans ce cas, c'est le joueur lui-même qui achève le travail en essuyant la balle dans ses mains. Par ailleurs, avec notre distributeur, fini les attentes interminables pendant que les balles se déversent dans le seau : le remplissage s'exécute en moins d'une seconde [*nouvelle promesse de confort*], et cela grâce à un système exclusif de distribution.
Pour vous, gestionnaire de golf, cet appareil offre bien d'autres avantages. Par exemple, celui des nombreuses possibilités monétiques du produit. Avec les autres distributeurs, vous définissez une fois pour toutes le prix du seau de balles. Dès lors, il est le même pour tous les joueurs, et comme ces appareils ne disposent que de monnayeurs à pièces, vous devez gérer de grandes quantités de pièces de monnaie. Avec notre distributeur de balles, vous disposez de plusieurs modes de paiement : les pièces bien sûr, mais aussi les cartes à pistes magnétiques, à mémoire, ce qui vous simplifie la vie... et la trésorerie [*promesse de confort et d'argent*]. Une électronique très simple permet de reconnaître le type de carte inséré dans le monnayeur; ainsi, les membres occasionnels pourront payer plus cher que les membres permanents, qui eux-même paieront plus cher que les actionnaires. Et puisque les cartes sont pré-payées, vous disposez d'une avance de trésorerie; votre gestion s'en trouvera facilitée, et d'autre part vous n'aurez plus à gérer uniquement des pièces, mais aussi des billets et des chèques; le prix d'une carte pourra être l'équivalent de 5, 10 ou 20 seaux de balles.
Je dois vous dire également, et c'est peut-être là le plus important, que les matériaux utilisés dans la fabrication de ce distributeur sont beaucoup plus résistants, et les tôles plus épaisses, que ceux de mes concurrents. La preuve en est que son poids est supérieur de 100 kilos à la moyenne de tous les appareils du marché. Il en découle une meilleure résistance aux intempéries, à l'usure et aux chocs [*promesse de sécurité*]. Cet avantage à lui seul justifie l'écart de prix entre notre produit et ceux de la concurrence. J'en suis tellement persuadé, que je vous invite à interroger monsieur Grinefi, du Golf Méditerranée, qui s'est équipé il y a quelques années de deux distributeurs en même temps. Le

premier acheté chez nous, l'autre chez un confrère. Aujourd'hui, le nôtre est toujours en parfait état de fonctionnement, tandis que celui du concurrent doit être remplacé !
À propos, monsieur Swing, vous est-il arrivé d'avoir un de vos distributeurs en panne ? »
L'acheteur : « Oui, c'est arrivé. »
Le vendeur : « Comment avez-vous fait pour distribuer les balles ? Qui s'est occupé de la réparation ? »
L'acheteur : « Eh bien, le service après-vente est venu nous dépanner quelques jours plus tard. En attendant, le remplissage des seaux s'est fait à la main. Ce fut franchement pénible ! »
Le vendeur : « Comme je vous comprends. De notre côté, en cas d'incident, nos techniciens interviennent en moins de 48 heures. La maintenance sur site est gratuite la première année [*promesse de sécurité*].
Par ailleurs, dans tous les distributeurs du marché, le chargement des balles dans la machine se fait par le haut de l'appareil, et la personne chargée de cette tâche ingrate doit soulever quelque 40 kilos de balles au-dessus de sa tête pour "nourrir" le distributeur. Avec notre appareil, plus de tours de reins [*promesse de confort*], le chargement se fait par le côté, à hauteur de ceinture d'homme !
Pour terminer, je ne crois pas me tromper en disant que votre club, par son emplacement, son parcours, sa clientèle, se situe dans la catégorie des golfs haut-de-gamme ; aussi notre distributeur a-t-il un "look" qui correspond à son image, et qui le fait ressembler à autre chose qu'une caisse de métal posée sur le gazon. D'ailleurs, nous sommes aussi les seuls à pouvoir vous proposer plusieurs coloris (le vendeur joue sur l'orgueil de l'acheteur). Tenez, voici le nuancier. Quelle couleur préférez-vous ?
L'acheteur : « Le rouge, ce serait sympa ! »

Riposte aux cas particuliers

Contre la « carotte » et le « bâton »

Les meilleurs vendeurs sont unanimes : confronté à la « carotte » et au « bâton », le vendeur ne dispose que d'un seul moyen pour savoir si l'acheteur est sincère et si les contraintes financières qu'il invoque sont réelles. Ce moyen : « se battre », défendre ses prix, argumenter encore et encore, et ne concéder de remise qu'en dernière limite (si toutefois ses marges l'y autorisent).

Premier instrument de réplique du vendeur : la justification, l'inévitable justification du prix, pour convaincre le prospect, si besoin était, de la justesse de ses tarifs et/ou pour administrer la preuve irréfutable de la qualité du produit, du sérieux de la prestation, du retour sur investissement et autres avantages. Si malgré tout l'acheteur reste inflexible, alors le vendeur pourra recourir à la seconde arme que constitue la subtile technique du consensus : on utilisera alors des solutions de financement et des « accélérateurs de décision ».

Au palmarès de l'efficacité, les solutions de financement occupent une place de premier choix. Dans bien des cas, un leasing, un crédit ou une simple facilité de paiement peut venir à bout du plus irréductible des acheteurs.

Les accélérateurs de décision peuvent aussi contribuer puissamment à décider le prospect. Ce sont tous ces avantages privilégiés, ces faveurs commerciales accordées avec solennité, « à titre exceptionnel », destinés à emporter son adhésion définitive. En réalité, il ne s'agit que de concessions mineures, mais qui donnent à l'acheteur (par leur caractère « personnalisé ») le sentiment de bénéficier d'un privilège.

Un accélérateur de décision, ce peut être :
– la garantie de « satisfaction ou remboursement »,
– *x* semaines d'essai à titre gratuit,
– *x* % de produit en prime,
– *x* heures de conseils non facturées, etc.

Remarque

Vous l'avez sans doute constaté, dans les deux derniers exemples, l'accélérateur de décision peut être assimilé à une remise. Cependant, l'acheteur ne le percevra que rarement.

Dans tous les cas, l'accélérateur de décision sera préféré à la remise commerciale. Cette recommandation repose sur deux constatations.

– Un acheteur se montre plus sensible à une faveur commerciale (dont il croit être le seul bénéficiaire) qu'à une remise. Il est effectivement plus gratifiant pour lui de se voir offrir, à titre exceptionnel, une cravate assortie à un costume payé 3 500 francs, que de bénéficier d'une remise de 3 % sur le prix de vente dudit costume, ce qui pourtant revient au même.

– Accorder une « faveur exceptionnelle » n'équivaut pas à consentir une remise. En cas de renouvellement de commande par l'acheteur, la base de négociation du prix reste inchangée : c'est le tarif normal qui s'applique. Une remise consentie sur la vente d'un produit — tous les vendeurs expérimentés le savent — est considérée par l'acheteur comme un droit acquis pour ses prochaines commandes. En somme, l'accélérateur de décision ne donne pas de mauvaises habitudes aux clients.

En cas d'échec des précédents « outils de négociation », Christian Le Bas, vendeur d'élite de la société Jeumont Schneider Industrie, préconise dans le cadre du consensus, une dernière arme : le devis à options (ou proposition commerciale faisant ressortir les différentes options négociables). En cas de conflit, le vendeur ne se sentira pas obligé de concéder une remise pour faire concorder son offre avec la demande de son prospect; il lui suffira alors d'ôter du devis toute option jugée secondaire par celui-ci et d'établir un nouveau devis, compatible cette fois avec le budget de l'acheteur.

Pour illustrer la mise en œuvre de ces techniques, voici un scénario d'entretien, mettant aux prises Martine L. (vendeuse de stages de formation) à Monsieur Machpro, acheteur (adepte de la carotte et du bâton).

L'acheteur : « Ce stage de formation consacré à la gestion du stress nous intéresse au plus haut point. Malheureusement, nous avons sept personnes à former avec un budget total de 45 000 francs, alors que votre prix de vente est de 7.200 Francs par stagiaire, soit 51 800 francs ! »

Le vendeur : « Comme je vous l'ai expliqué, le responsable de ce stage n'est pas un amateur, mais Steeve Hopkins, docteur en psychologie d'entreprise, diplômé de l'université de Harvard, dont les travaux sur la gestion du stress sont à l'origine même de cette méthode de développement personnel. Or, les émoluments de Monsieur Hopkins, vous l'imaginez, sont à la mesure de sa compétence... Et comme nos tarifs sont étudiés avec beaucoup de soin, une diminution de ceux-ci affecterait sérieusement la rentabilité de cette opération... Je ne vous surprendrai pas en vous disant que nous n'avons pas vocation à perdre de l'argent [*sourire*].

L'acheteur : « Il n'empêche que mon problème reste le même : nous ne disposons que de 45 000 francs, et vous me demandez 51 800 francs. »

Le vendeur : « Monsieur Machpro, vous désirez organiser ce stage, et moi j'aimerais traiter avec vous, tant j'ai la certitude que cette formation répond à vos attentes. Il nous faut absolument trouver un terrain d'entente... Pour vous prouver ma bonne volonté, je suis prête à vous accorder un paiement échelonné sur 3 mois. »

L'acheteur : « Vous êtes très aimable, madame, mais cela ne résoudra pas le problème. Même avec un paiement étalé, il me faudra débourser 51 800 francs alors que le budget plafond alloué par ma direction pour cette formation est de 45 000 francs. »

Le vendeur : « Alors il nous reste une solution, qui je pense va vous satisfaire : nous n'avons qu'à retirer l'option hôtel-restaurant Le Palace et organiser le stage en toute simplicité, dans nos locaux. Cela nous permettra d'économiser 1 100 francs par personne, donc de ramener l'enveloppe globale à 42 700 francs et de dispenser cette formation à vos sept collaborateurs. »

Contre les ultimatums

Dans sa quête de la remise, l'acheteur est-il déterminé ou n'objecte-t-il que pour la forme ? Le vendeur qui capitule d'emblée, ne le saura jamais ! Pour déceler le véritable mobile de l'acheteur qui brandit l'ultimatum, il convient d'appliquer la riposte précédente (justification, recherche du consensus sans remise, etc.).

Dans le cadre de l'ultimatum déguisé, Frédéric Romanet du Caillaud (Grand V) recommande l'envoi d'une « sonde », c'est-à-dire la concession d'une très faible remise, afin d'éprouver les réactions du prospect. Celui qui s'en contente révèle le caractère inconsistant de son objection. En revanche, si le léger avantage proposé soulève de sa part une contestation, dans la plupart des cas, il renseigne le vendeur sur ses attentes véritables.

Exemple

L'acheteur : « 47,20 francs la pièce ?! Ça ne va pas aller. Il faut faire mieux ! » [*Ultimatum déguisé.*]
Le vendeur : « Pour vous faire plaisir, je veux bien descendre à 46,80 francs. » [*Sonde.*]
L'acheteur : « C'est encore trop cher ! La société X me les vend 45,30 francs. » [*Désormais, notre vendeur sait à quelle remise s'en tenir.*]

Contre le rabioteur

Vous pouvez, si vous le désirez, choisir une attitude de fermeté inébranlable (mais néanmoins courtoise). Il est peu probable que la vente vous échappe… à condition d'entourer votre refus de quelques formes, en fournissant de simples explications de principe.

Exemple

> Le vendeur représente une société de communication événementielle spécialisée dans l'animation de soirées d'entreprises.
> *L'acheteur :* « Je suis d'accord pour vous choisir, à condition que vous nous fassiez cadeau du champagne. »
> *Le vendeur :* « Monsieur Lafête, j'aimerais sincèrement vous faire plaisir, mais croyez-moi, nos tarifs ont été étudiés au plus juste, pour nous permettre de couvrir nos charges en matériel, le salaire des animateurs, etc. J'aurais pu, comme le font certains de nos concurrents, gonfler mes prix artificiellement de 5 %, et vous offrir ensuite un cadeau d'une valeur équivalente, seulement, ces pratiques ne sont pas les nôtres. Dans votre intérêt et par honnêteté, nous nous efforçons d'appliquer les prix les plus justes. »

Contre le miroir aux alouettes

Méfiance, méfiance ! Il est très facile, pour un acheteur disposant d'un fort pouvoir d'achat, d'abuser un vendeur et d'obtenir de substantielles remises en lui faisant miroiter le « contrat du siècle ». Plus tard, lorsque le premier aura acquis le produit (à des conditions très préférentielles), il lui sera tout aussi facile d'abandonner l'idée de récompenser le généreux vendeur, sous mille prétextes.

Ne vous laissez donc jamais griser par la perspective d'une prochaine commande « miraculeuse ». Gardez la tête froide et concentrez-vous sur l'objet immédiat de la négociation. Sachez qu'un acheteur qui, sur une « commande-test », essaie déjà de soutirer une remise au vendeur en invoquant une future « grosse commande », est un acheteur qui, le jour venu de la fameuse commande, tentera d'en obtenir davantage !

Une riposte particulièrement efficace consiste à exaucer la demande de remise du client, en lui précisant qu'elle ne sera déduite que… sur la prochaine commande.

Exemple

> *L'acheteur :* « Faites-nous un bon prix sur cette petite étude, et nous ferons appel à vos techniciens au moment de lancer le projet final. »
> *Le vendeur :* « ... Je veux bien vous accorder une remise exceptionnelle de 25 % sur cette étude, que nous déduirons de nos prestations liées au projet final. »
>
> À cette réponse, les mythomanes et les « manipulacheteurs » se démasqueront, en refusant catégoriquement la proposition du vendeur. En revanche, les prospects sincères se feront reconnaître par leur assentiment.

Contre « la descente aux enchères »

Des « vendeurs-gladiateurs » s'affrontant dans un combat sans merci, à grands coups de « 3R » (Rabais, Remise, Ristourne), et pour la plus grande joie du spectateur-acheteur : ce pourrait être une version moderne des « jeux du cirque »... C'est en tout cas le destin des victimes de la « descente aux enchères ».

Mais comment se soustraire à cette tactique diabolique et éviter une guerre des prix, lorsque l'on vend des produits identiques à ceux de la concurrence ? Réponse : en cherchant par tous les moyens à faire valoir sa différence (en avantage pour le client)... Au cimetière des entreprises se rencontre toujours la même épitaphe : « Morte au combat, dans la bataille de la remise ».

Considérons le marché de la distribution micro-informatique. Il y sévit, depuis peu, une guerre des prix particulièrement meurtrière. Et pour cause : la descente aux enchères est devenue la technique favorite des acheteurs de ce secteur. Petit à petit, les ingénieurs-conseils (vendeurs tout-puissants de l'ère primaire informatique) ont laissé la place aux marchands de remise, et les entreprises du secteur, naguère florissantes, ont constaté la dégradation progressive de leurs ratios de rentabilité. Pourtant, le sacrifice du prix n'est pas inéluctable pour celui qui cultive sa différence et applique les règles de la justification.

Le dialogue suivant, qui oppose Vincent Bonnet, un des meilleurs vendeur de la société Agena (numéro 1 français des Sociétés de Service et de Distribution Micro-Informatique), à un acheteur adepte de la technique de la descente aux enchères, est un modèle de justification et de défense des prix.

L'acheteur : « ...La société Casseprix me fait 25 % de remise sur une configuration complète de PAO [*publication assistée par ordinateur*]. Et vous, qu'est-ce que vous m'offrez ? »

Le vendeur : « Malheureusement, monsieur, je ne peux vous offrir une telle remise, tout simplement parce que je ne fais pas le même métier que mes confrères de la société Casseprix. »

L'acheteur : « Comment ? Vous vendez exactement les mêmes produits ! Pour moi, que j'achète un système chez vous ou chez vos concurrents, cela reviendra strictement au même. C'est le même ordinateur, la même imprimante et les mêmes logiciels que je trouverai dans les cartons. Aussi, je vous renouvelle ma question : pouvez-vous m'offrir mieux que 25 % de remise ? »

Le vendeur : « Cher monsieur, si vous recherchez une société qui vend des ordinateurs "caisse en mains" et qui offre comme seul service de "pousser le carton" jusqu'à vos locaux, c'est effectivement à la société Casseprix qu'il faut vous adresser. Je peux même vous donner les coordonnées de plusieurs sociétés qui vous offriront des remises encore plus fortes. Mais toutes ces sociétés, à l'instar de la société Casseprix, sont des distributeurs informatique en "Cash and Carry", c'est-à-dire que vous devrez payer comptant, parfois aller chercher vous-même l'ordinateur en entrepôt, et, une fois le matériel en votre possession, prier pour qu'il n'arrive rien, car il vous faudra gérer tout seul les différents problèmes qui peuvent survenir. Par exemple, en cas de panne, aucun service de maintenance n'est assuré. En cas de problème quelconque, aucun interlocuteur technique ne sera apte à vous aider. Le jour où vous désirerez faire évoluer votre système, aucun technico-commercial ne saura vous renseigner, et votre nom ne dira rien à personne. Si je me permets de vous expliquer cela, monsieur Kiveutou, c'est parce que chez nous, Agena, nous "récupérons" chaque année des centaines de clients mécontents... qui se mordent les doigts d'avoir cherché le fournisseur le moins cher. De plus, vous êtes informaticien... Vous savez donc parfaitement qu'aucun ordinateur n'est infaillible. Une panne d'alimentation, un scratch du disque dur, etc., peuvent survenir à tout moment. D'ailleurs, je suis certain que vous avez déjà rencontré ce type de déboires. N'est-ce pas ?

L'acheteur : « Oui, bien sûr. »

Le vendeur : « Et comme un fait exprès, c'est toujours au moment où l'on a le plus besoin de son ordinateur. Pas vrai ? »

L'acheteur : « Exact. »

Le vendeur : « Voyez-vous, monsieur Kiveutou, je vais jouer cartes sur table et vous expliquer pourquoi nous ne pouvons pas — en dépit de notre volonté de vous satisfaire — vous accorder ce type de remise.

Chez Agena, nous avons choisi de faire notre métier différemment des autres, et de mener jusqu'au bout notre parti-pris de partenariat. Je m'explique : nous n'avons pas pour ambition de devenir, pour vous, un simple fournisseur parmi tant d'autres, mais un partenaire à part entière, qui vous accompagne dans votre développement, qui vous conseille et vous défend au mieux de vos intérêts "informatiques" et qui préserve la pérennité de vos investissements... Pour l'instant ce sont des mots, mais sur le plan pratique, lorsque vous serez client chez nous, vous pourrez à tout moment vous faire assister ou dépanner par téléphone ; un technicien se trouve toujours au bout du fil pour vous répondre. En cas de panne, nos techniciens interviennent directement dans vos locaux pour réparer le materiel. Bien entendu, nous vous assurons l'intégration complète de votre matériel, c'est-à-dire la livraison, l'installation, le test hard et soft et, si vous le souhaitez, la formation, le développement d'applications sur mesure, et bien d'autres services encore. En outre, et c'est peut-être le plus important, grâce à notre parfaite connaissance de l'environnement micro-informatique, à notre cellule de veille technologique, au large éventail de produits-services que nous distribuons et à notre niveau de compétences techniques, nous pouvons vous conseiller sur les produits les mieux adaptés à vos besoins et en adéquation avec les objectifs financiers et stratégiques de votre société. Car notre métier, c'est également de vendre des solutions, là où d'autres ne vendent que des caisses ! Cette panoplie de services, cette qualité de prestations, nous ne pourrions pas les offrir à nos clients si nos marges étaient étriquées. Il n'y a pas de miracle, ce sont ces marges qui nous permettent de rémunérer le professionnalisme de nos techniciens de maintenance, du support technique, et d'assurer nos autres prestations. Vous savez, si les plus grandes entreprises nous font confiance, si elles acceptent de payer un peu plus cher leur informatique, c'est parce qu'au bout du compte, elles y gagnent largement... Et c'est peut-être aussi pour cela que nous sommes aujourd'hui le numéro 1 des Sociétés de Services et de Distribution Micro-Informatique.

En fait, pour vous, le choix est le suivant :

– d'un côté, une station PAO classique à 70 000 francs, que

vous garderez au mieux trois ans, qui vous occasionnera des maux de tête à chaque "plantage", et vous obligera à passer trois heures pour comprendre — manuel d'utilisation en main — quelle erreur de procédure vous avez commise. Je le dis avec d'autant plus d'assurance que vous avez l'expérience de l'informatique, vous savez donc comment cela se passe ! Sans compter que c'est le jour où la panne survient que les vrais ennuis commencent : personne pour réparer le système, votre travail bloqué, les clients qui attendent...
– d'un autre côté, un système qui répond parfaitement à vos besoins, qui coûtera peut-être plus cher, mais peut-être moins; je ne le sais pas encore, car je n'ai pas étudié vos besoins. Mais dans tous les cas, une station PAO que vous garderez au moins cinq ans et qui évoluera avec vous. Sachant bien sûr qu'en cas de problème, vous serez dépanné sous 24 heures et que, lorsque vous serez bloqué sur un point du logiciel, il vous suffira de décrocher le téléphone pour que notre spécialiste PAO vous communique aussitôt la solution. Sans oublier le fait que votre matériel est livré, installé et testé en vos locaux. Et pour terminer, un interlocuteur, en l'occurrence moi-même, vous sera attaché en permanence pour répondre à tous vos besoins, soucis ou préoccupations d'ordre informatique.

Voilà. Peut-être paierez-vous un peu plus cher la configuration informatique que nous allons mettre au point ensemble. Mais ce sera aussi le prix de votre tranquillité pour plusieurs années. »

Contre le faux sous-fifre

Lorsque l'on n'est pas certain de l'étendue des pouvoirs de son interlocuteur, il convient de le considérer — par défaut — comme un décideur à part entière. En toutes circonstances, le vendeur s'obligera au respect de cette règle incontournable de la vente. Ainsi, l'interlocuteur-décideur qui se dissimule sous l'apparence commode du sous-fifre recevra quand même la totalité de l'argumentaire du vendeur.

Plus généralement, au-delà de la difficulté que représente pour le vendeur le fait d'avoir à traiter avec un sous-fifre apparent, se pose la question de savoir qui est le véritable décideur. Car en marge de la hiérarchie établie, il arrive qu'une hiérarchie officieuse — avec ses circuits de décision occultes — impose sa loi dans l'entreprise. C'est ainsi que l'on rencontre, dans un très grand nombre de sociétés, des directeurs qui n'ont de directeur que le titre, des chefs de service parfaitement fantoches ou des responsables de... rien du tout. Découvrir et rencontrer le(s) véritable(s) décideur(s) requiert de la part du vendeur à la fois de l'intuition, un bon esprit d'initiative et de la diplomatie. En effet, il lui faut se renseigner sur la nature exacte des pouvoirs de tel ou tel personnage de l'entreprise. Pour ce faire, il prendra soin de questionner son interlocuteur avec prudence et doigté, tant il est vrai que les sphères du pouvoir sont d'une approche et d'un maniement délicats : il ne s'agit de rien moins que de ménager les susceptibilité des « délaissés » du pouvoir.

Par exemple, toutes les questions du type « *Est-ce vous, le décisionnaire sur cette affaire ?* » sont à proscrire, car l'interlocuteur dénué de tout pouvoir pourrait, afin de sauvegarder son amour-propre, répondre : « *Oui, c'est moi qui décide de tout* ». Et notre vendeur de prêcher dans le désert, laissant pendant ce temps les concurrents, plus habiles, s'adresser au(x) véritable(s) décideur(s).

On préférera de loin le modèle de discussion suivant :

> *Le vendeur :* « Qui collabore avec vous dans les décisions concernant cette affaire ? »
> *L'acheteur :* « Il y a également le responsable de la sécurité, monsieur Kivala. »
> *Le vendeur :* « Vous qui connaissez bien monsieur Kivala, pourriez-vous arranger un rendez-vous à trois pour la semaine prochaine ? »
> Cette dernière question permet au vendeur, non seulement de valoriser son interlocuteur, mais aussi de le transformer en un « allié », puisqu'il va devoir se substituer au vendeur pour prendre rendez-vous avec son collègue. Par ailleurs, il n'est plus à démontrer qu'un prospect accepte plus facilement la sollicitation (le rendez-vous) d'un collègue de bureau, que celle d'un inconnu (le vendeur).

SAVOIR NÉGOCIER ET DÉFENDRE SES PRIX : UNE QUESTION DE PSYCHOLOGIE

La règle d'or de la négociation

Cela faisait plusieurs semaines que j'en rêvais et que je tournais et retournais cette idée dans ma tête, mais cette fois, j'étais décidé, j'allais m'offrir cette merveille. J'entrai donc dans la boutique avec la ferme intention de devenir le propriétaire de ce piano... Quel bonheur, de près, il était encore plus majestueux que derrière la vitrine. Quelques accords au clavier révélèrent une musicalité parfaite.

Discrètement posée sur le pupitre, une étiquette indiquait 18 520 francs. Un prix qui me semblait correspondre à la valeur de l'instrument. En tout cas, il n'excédait pas mes ressources et, dès lors, il ne faisait plus aucun doute que ce piano serait mien. Un vendeur vint vers moi et m'avertit : « *Ne faites pas attention au prix. Ce piano est actuellement en promotion à 15 000 francs* ». C'était inespéré ! Moi qui étais disposé à débourser les 18 520 francs mentionnés sur l'étiquette, je venais d'économiser 3 520 francs sans même négocier... Quelle aubaine. J'aurais dû, en individu sensé, sortir tout de suite mon chéquier et payer au plus vite ! Mais la psychologie humaine est décidément trop complexe pour n'être assujettie qu'aux seules normes de la raison... Aussi, je commençai à m'interroger : « Pourquoi diable ce piano est-il bradé ? Serait-il abîmé ? Dissimulerait-il un vice de fabrication ? Ou peut-être n'a t-il pas les qualités que je lui prête ».

Voyant que j'affichais une mine perplexe, le vendeur crut bon d'ajouter : « *Mais si vous êtes vraiment intéressé, je vous le laisse à 14 000 francs* ». Que signifiait cette nouvelle diminution de tarif ? Jusqu'où le vendeur allait-il descendre ? Cette fois, c'en était trop ! Je décidai de m'engager dans la négociation. L'ultimatum déguisé allait constituer ma première banderille : « *C'est trop cher pour moi. Faites-moi un meilleur prix !* » Le vendeur reprit : « *14 000 francs, c'est déjà un très bon prix. Je peux difficilement faire mieux* ». Nouvelle banderille : je gardai le silence. Au bout de trente secondes, le vendeur me dit : « *Bon. Si vous le prenez maintenant, je vous le laisse à 13 500 francs.* » C'est à ce moment que je décidai de porter l'estocade, en lui tendant une carotte : « *Ce piano est exactement ce que je recherche* » pour l'assommer aussitôt d'un violent coup de bâton : « *mais je ne peux consacrer que 10 000 francs à cet achat* »... Quelques minutes plus tard, le piano m'était offert pour 11 500 francs. Mais, au fil des minutes, mes soupçons avaient littéralement étouffé mon désir d'acquérir l'instrument, et je quittai la boutique sans rien acheter.

Et pourtant... J'étais bel et bien demandeur du produit, mes besoins étaient affirmés (bien que le vendeur n'ait pas manifesté le moindre intérêt pour ceux-ci) et mon budget m'autorisait cet investissement sans le moindre problème. On peut se demander comment, dans ces conditions, la vente a pu échouer.

La réponse ne fait aucun doute : par la faute exclusive du vendeur ! Mais ce n'est pas tant la méconnaissance totale des techniques de vente qui aura valu à notre vendeur de perdre la vente, que son ignorance de la règle d'or de la négociation. Quelle est cette règle d'or ? Un second récit vous permettra peut-être de la découvrir par vous-même, et par conséquent de la mémoriser plus sûrement.

Lorsque j'étais étudiant, le tennis était mon sport favori. Une véritable passion. Chaque saison, je m'offrais quelques billets pour assister à la reine des compétitions (les internationaux de France de Roland-Garros) et voir évoluer les plus grands champions de tennis. Mais cette année-là, mes examens tombaient bien mal : le jour de la demi-finale ! Et j'avais justement acheté à l'avance mon billet. Il ne me restait plus qu'à revendre ma place... Heureusement, je savais qu'il sévissait, aux abords du stade, un commerce parallèle de billets d'entrée. Aussi, la veille des demi-finales, je me rendis à Roland-Garros, la mort dans l'âme, mais bien décidé à revendre très cher le sésame du temple tennistique à un inconditionnel de la raquette à la recherche du fameux billet ! Comme j'étais un étudiant ordinaire, c'est-à-dire « sans le sou », j'espérais que le fruit de cette vente me permettrait d'oxygéner mon portefeuille mal en point. Au marché noir, le billet des demi-finales se vendait entre 600 et 1 000 francs. J'avais acheté le mien 120 francs, j'allais essayer de le revendre 1 200 francs...

Quelques personnes me traitèrent d'escroc, d'autres m'avertirent que jamais je ne trouverais acquéreur à ce prix. Une heure plus tard, j'étais toujours propriétaire du billet et les acheteurs potentiels se faisaient de plus en plus rares, quand une automobile s'arrêta le long du trottoir. Le chauffeur me fit signe d'approcher. « *Vous avez des places pour la demi-finale de demain ?* » me demanda-t-il.
– « *Oui. J'en ai une.* »
– « *Combien ?* »
– « *1 200 francs !* »

Il sortit de sa poche une liasse de billets, en retira 1 200 francs qu'il me tendit : « *Le compte y est. Merci.* » Il s'empara du billet et redémarra aussitôt. Je restai là un moment, immobile, satisfait d'avoir trouvé un acheteur et d'avoir pu, par la même occasion, rasséréner mon portefeuille en perdition. Cependant, à mesure que je réfléchissais, ma joie se dissipait, se muant progressivement en amertume. Je songeai d'abord : « C'est incroyable ! Cet acheteur m'a payé rubis sur l'ongle les 1 200 francs que je demandais, sans même discuter, alors qu'à quelques mètres de moi d'autres vendeurs proposaient les mêmes places à 600 francs ! ». Et un peu plus tard, je me dis : « Quel idiot j'ai fait ! J'aurais dû demander 1 500 francs. Il aurait accepté. Et peut-être même 2 000 francs, qui sait ? »

Ce jour-là, j'avais fait une belle affaire, mais pour moi il n'en était rien. Je gardai longtemps le sentiment de n'avoir pas vendu mon billet à sa valeur réelle. Si j'avais connu, à l'époque, la règle d'or de la négociation, j'aurais réagi bien différemment et me serais félicité d'avoir réalisé cette affaire.

Quelle est cette règle d'or ? C'est Chantal Hoorman, négociatrice hors pair de la société Matthews & Goodman (immobilier d'entreprise), qui me l'a révélée. C'est pourquoi je citerai les exemples et explications mêmes qu'elle m'a offerts. Voici donc la règle d'or de la négociation : **Dans une négociation de prix, la manière de parvenir à un accord (la façon de négocier) peut être plus importante que le prix lui-même.**

Un acheteur qui, à l'issue d'une négociation très serrée, « arrache » une petite remise, peut être plus heureux qu'un acheteur qui obtient une grosse remise sans combattre. Ce qui amène le paradoxe suivant : un prospect pourra être acheteur, à 950 francs, d'un produit d'une valeur initiale de 1 000 francs, si le vendeur fait preuve de combativité dans sa façon de négocier ; en revanche, il n'est pas exclu qu'il décline l'offre à 900 francs d'un vendeur trop arrangeant ! « *À vaincre sans péril, on triomphe sans gloire* », écrivait Pierre Corneille. Cette citation s'applique on ne peut mieux à la négociation.

Gardez-vous donc de distribuer trop facilement vos remises. Soyez ferme, faites-vous prier, défendez-vous. Et si vous devez concéder quelque faveur, n'oubliez jamais de donner à votre partenaire le sentiment d'avoir enlevé son privilège de haute lutte. Il y va de la réussite de votre vente.

Un prospect qui emporte votre produit avec 5 % de remise au bout de deux heures d'une négociation ardue pensera : « Bien que ce vendeur se soit montré intraitable, j'ai réussi à lui soutirer une remise. Je dois être l'un des rares clients à avoir obtenu ce privilège. J'ai bien du mérite ». Tandis qu'un prospect qui, après cinq minutes de palabres, obtiendrait 10% de remise, se dira : « Pffff ! Cette remise est sûrement fictive. A quoi bon, elle est accordée à tout le monde... » ou encore : « Ce commercial me donne l'impression de vouloir vendre à n'importe quel prix. Son produit ne doit pas être aussi valable qu'il le prétend ». Et il abandonnera toute velléité d'achat.

Chantal Hoorman achète et/ou vend, pour le compte de ses mandants, des locaux commerciaux (boutiques, centre commerciaux, etc.). Dans son métier, l'immobilier, la négociation revêt une telle importance que les vendeurs sont appelés négociateurs. Ici, la règle d'or prend toute sa signification.

Supposons que vous soyez un commerçant qui veuille céder son bail commercial. Votre boutique se situe dans une belle avenue et vous estimez logiquement à 2,5 millions de francs la valeur de votre commerce. Arrive Chantal Hoorman, mandatée par un industriel japonais du prêt-à-porter l'ayant chargée de rechercher sa future implantation commerciale sur le vieux continent... Elle jauge votre magasin et, comme elle estime qu'il répond aux critères de son mandant, décide d'organiser une nouvelle visite avec ce dernier...

La seconde visite se déroule à merveille, si bien qu'au sortir de votre boutique, l'industriel fait connaître à sa négociatrice son désir d'acquérir le bail, et ce d'autant plus qu'il dispose très précisément de 2,5 millions de francs à investir pour sa première implantation européenne. Ses volontés dictées, le mandant se retire, laissant à sa négociatrice le soin d'accomplir la transaction.

Imaginons à présent que Chantal Hoorman néglige la règle d'or et vienne vous trouver quelques heures plus tard en vous annonçant tout à trac : « *Mon client accepte votre prix. Il est d'accord pour signer à 2,5 millions de francs !* » Quelle serait votre réaction ? Immanquablement, vous penseriez : « *Pour que ce client accepte de payer 2,5 millions de francs aussi facilement, c'est qu'il considère ma boutique, à ce prix, comme une excellente affaire; c'est donc qu'elle vaut plus... J'aurais dû demander 2,7 millions, je les aurais obtenus, à n'en pas douter... Et puis, je ne vais tout de même pas laisser passer 200 000 francs... Allez, j'annule tout et je remets mon bien en vente à 2,7 millions de francs* ».

Bien sûr, le client ne suivrait pas. Quant à vous, vous pourriez bien rencontrer les plus grandes difficultés pour trouver un nouvel acquéreur, même à 2,5 millions de francs. Et le cabinet-conseil en immobilier, lui, aurait perdu une belle occasion d'empocher une confortable commission. En fin de compte, toutes les parties seraient perdantes.

Heureusement, la psychologie de la négociation n'a plus de secret pour Chantal Hoorman. Aussi serait-elle venue vous trouver le lendemain en vous proposant d'acquérir le bail pour... 2,2 millions de francs ; et d'invoquer une expertise rigoureuse de la valeur du commerce, assortie d'une enquête sur les prix pratiqués dans le voisinage et d'une étude sérieuse des facteurs locaux de commercialité. Comme vous resteriez inflexible, la négociatrice repartirait en promettant de tout mettre en œuvre pour convaincre son client. Trois jours plus tard, vous recevriez un appel téléphonique de sa part : elle a réussi à convaincre partiellement son client... et vous fait une offre « tout à fait exceptionnelle » à 2,3 millions de francs. De votre côté, vous auriez rabattu un peu de vos prétentions, et fait savoir que vous accepteriez de traiter à 2,4 millions de francs. Chantal Hoorman s'excuserait alors de ne pouvoir suivre, en vous expliquant avoir fait de son mieux et ne pouvoir obtenir un centime de plus de son client. Mais elle essaierait à nouveau. Deux heures plus tard, vous recevriez un nouvel appel, au cours duquel la négociatrice se déclarerait désolée de n'avoir pu obtenir la moindre concession de son client. Cependant, elle vous laisse entendre que son client pourrait bien revoir sa position si une autre offre lui était faite et finalement, elle vous convainc de descendre votre prix à 2 370 000 francs. Le lendemain, elle vous rappelle en vous disant : « *J'ai vu mon client. Je lui ai fait comprendre que vous aviez consenti un gros effort, et qu'il fallait qu'il en fasse autant. Il s'est montré sensible à votre geste. Il veut bien aller jusqu'à 2 350 000 francs* ». Il faudra couper une fois encore la poire en deux, et finalement, la transaction se conclura à 2 360 000 francs.

Heureux vous serez, d'avoir vendu votre affaire à 2 360 000 francs, alors qu'on ne vous en offrait que 2 200 000 francs. Heureux sera l'acquéreur, d'avoir économisé 134 000 francs et de disposer d'un point de vente bien situé. Heureuse sera la négociatrice, d'avoir orchestré savamment la transaction et de recevoir, au passage, une commission bien méritée.

On ne le répétera jamais assez : au jeu de la négociation, même si l'on simule, la plus grande fermeté s'impose car, ne l'oubliez pas, dans une négociation de prix, la manière de parvenir à un accord (la façon de négocier) peut-être plus importante que le prix lui-même. Ceci vaut aussi bien pour l'acheteur que pour le vendeur.

À présent, fort de votre connaissance de la règle d'or, je vous invite à relire les deux exemples du début (ceux du piano et du billet d'entrée au tournoi de tennis), pour vous permettre d'analyser ces deux cas sous un angle plus critique, et de vous pénétrer davantage de cette loi inaltérable de la négociation commerciale.

Comment faire des concessions

En véritable prédateur, l'acheteur sait reconnaître d'instinct un vendeur faible ou amoindri. Vous savez, ce vendeur prêt à n'importe quelle concession pour emporter la commande. Malheureusement pour ce dernier, les mœurs de nos contemporains n'ont pas beaucoup évolué depuis La Fontaine : « *La loi du plus fort est toujours la meilleure* »... Aussi ce type de vendeur, proie facile pour un acheteur qui se sait supérieur, se voit-il systématiquement maltraité, tourmenté et pressuré. Invariablement, il se fait dépouiller de toute sa marge bénéficiaire (il arrive même que certains vendeurs fassent des concessions qui outrepassent les limites autorisées, faisant perdre de l'argent à leur « maison »).

Ainsi, pour le vendeur qui ne veut pas se laisser enfermer dans le cercle vicieux d'une surenchère des demandes de remises et autres concessions, il n'y a qu'une conduite à tenir : une fermeté absolue, une détermination sereine, courtoise, mais sans faille face à un acheteur trop exigeant. Il faut le rappeler : un maître négociateur/vendeur n'hésitera pas à « casser » la vente s'il juge les conditions de l'acheteur incompatibles avec la politique commerciale de son employeur. Encore une fois : « *En négociation, la qualité première du vendeur est de savoir dire* **non** ».

Cependant, il arrive souvent que, pour diverses raisons (arguments probants de l'acheteur, habitudes de la profession, concurrence féroce...), le vendeur soit contraint de concéder quelques faveurs. Malheureusement, la psychologie de l'acheteur est ainsi faite que le client auquel on accorde une remise considère ce privilège acquis pour l'avenir. En d'autres termes, le prix de vente diminué d'une remise devient, pour l'acheteur, la nouvelle base de référence. Afin de contrecarrer cet auto-conditionnement de l'acheteur, il est un principe impératif de la négociation que le vendeur ne doit pas transgresser : ne rien donner pour rien. C'est pourquoi une remise sur un prix de vente ne sera jamais consentie sans contrepartie.

Que faut-il demander ? À vous de choisir la compensation qui vous paraît la plus avantageuse pour vos affaires et de demander par exemple à l'acheteur :
- de passer commande immédiatement,
- de commander des quantités supérieures,
- de payer à trente jours au lieu de soixante,
- de prendre à sa charge les frais de port,

– de rallonger la durée du contrat,
– d'accepter des délais de livraison plus longs,
– de vous recommander à un confrère,
– d'accepter un conditionnement plus économique,
– d'admettre la simplification de telle spécification technique du cahier des charges, etc.

Exemple

> *L'acheteur :* « Si j'en prends cinq, vous me faites le sixième gratuit. »
> *Le vendeur :* « Vous savez, monsieur Duracuir, nos prix sont très étudiés. Il m'est vraiment difficile d'accorder un cadeau comme cela. Mais puisqu'il s'agit de votre premier achat chez nous, exceptionnellement, je veux bien vous offrir le sixième, mais dans ce cas, je vous demanderai un règlement au comptant à la livraison. »
>
> *L'acheteur :* « Je veux bien passer commande, si vous m'accordez 10 % de remise supplémentaire. »
> *Le vendeur :* « Je ne demande qu'à vous satisfaire, monsieur Duracuir, mais 10 % de plus, c'est la remise accordée aux clients qui achètent par cinquante unités, alors que vous n'en prenez que vingt... Bon, si vous en prenez dix de plus, et à titre exceptionnel, parce que vous êtes un client fidèle, je vous accorde ces 10 % de remise. »

La recommandation décisive qui fait suite m'a été confiée par Paul C., éminent vendeur en imprimerie industrielle. Je lui dois de révéler ici cette authentique ficelle de négociateur : « *L'acheteur qui tente d'obtenir une remise de prix obéit à une logique arithmétique inconsciente qui lui fait croire que la distribution des remises par le vendeur suit une courbe décroissante. Dans ces conditions, la première remise du vendeur revêt une importance capitale car cette "logique" conduit l'acheteur à penser que la remise suivante sera forcément inférieure à la précédente, et ainsi de suite.* »

Imaginons que vous négociez le prix d'un produit *x*. Au bout de quelques minutes de discussion, le vendeur vous accorde 10 % de remise. En admettant que vous désiriez poursuivre la négociation, quelle remise supplémentaire réclameriez-vous ? 3 %, 5 % ou 8 %, sans doute. Mais rarement plus de 10 %. Car votre inconscient fera barrage. Supposons que le vendeur soit disposé à lâcher 5 %, oserez-vous demander un nouveau rabais de 10 % ? Probablement non, mais en revanche, peut-être essaierez-vous de glaner une ultime remise de l'ordre de 2 %.

Il se dégage de ce constat la règle suivante : une première remise doit être minimisée autant que possible. En effet, si notre vendeur n'avait concédé, pour commencer, qu'une remise de 6 %, peut-être auriez-vous persévéré en réclamant (et en obtenant) une nouvelle remise de 3 % puis, parce que vous êtes particulièrement obstiné, arraché une dernière ristourne de 1 %. Mais, au bout du compte, le vendeur n'aurait abandonné que 10 % de remise, contre 17 % dans le cadre du premier exemple. Quant à vous, votre satisfaction serait — dans un cas comme dans l'autre — identique, parce que vous auriez le sentiment d'avoir obtenu la remise maximale (à condition, bien sûr, que le vendeur vous ait obligé à déployer suffisamment d'efforts pour mériter ce « salaire »).

L'INFLUENCE DU PSYCHISME DANS LA RÉUSSITE COMMERCIALE

Les pouvoirs de la motivation et de l'enthousiasme

« *Ce sont les Grecs qui nous ont légué le plus beau mot de notre langue : le mot enthousiasme, du grec* en théo, *un dieu intérieur.* » Pasteur.

Comme tout le monde, vous avez certainement observé ce phénomène mystérieux : une journée où tout vous réussit. En général, cela débute par un événement heureux, ou un compliment qui va droit au cœur, à la suite duquel — est-ce la magie de l'inconscient ou une métamorphose de l'esprit ? — vous vous retrouvez soudain « gonflé à bloc », prêt à conquérir le monde. En rendez-vous, tout votre être irradie la joie de vivre, et votre détermination à conclure la vente à la satisfaction de chacun, ainsi que votre foi en votre capacité de satisfaire le prospect sont telles que ce dernier les ressent immédiatement... Quel acheteur pourrait vous résister ? Autorité, séduction ou magnétisme, vous emportez une première commande ! Fort de ce succès, vous redoublez d'ardeur ; au rendez-vous suivant, l'enthousiasme qui se dégage de vous se fait encore plus puissant... Nouveau succès. Finalement, vous achevez votre journée de travail en pensant « Quelle chance ! En ce moment tout me réussit », et vous mettez ces résultats heureux sur le compte du hasard.

Malheureusement, la situation inverse se rencontre aussi. En effet, perturbé par divers éléments extérieurs, confronté à un échec douloureux ou à des circonstances fâcheuses qui dispersent l'énergie, vous voyez s'affaiblir vos ressources physiques et/ou mentales. Cette constatation déprimante provoque en vous un sentiment d'oppression et de malaise existentiel. En rendez-vous, votre prestation, austère et apathique, ne parvient pas à émouvoir le prospect et c'est l'échec. Dès lors, l'engrenage infernal se met en marche : votre insuccès vous accable davantage, aggravant d'autant le déficit de votre tonus mental... Ce qui se solde par un nouvel échec ! La fin de journée vous inspire généralement une auto-analyse du type : « En ce moment je n'ai pas de chance, tout ce que j'entreprends échoue. Je traverse une mauvaise période ». Et d'imputer vos échecs à la malchance ou à la loi des séries.

En réalité, ni les lois régissant les probabilités ni les statistiques n'entretiennent de relations véritables avec les choses de la vente. L'existence même d'une élite de vendeurs suffit à s'en persuader. Existe-t-il au casino une élite de joueurs de roulette ?

Pour ma part, il ne fait aucun doute que la réussite de la vente dépend, dans une large mesure, de l'enthousiasme du vendeur et de son corollaire, sa motivation. Dans son ouvrage intitulé « *Comment réussissent dans la vente un bon représentant, un bon vendeur* », Frank Bettger, maître vendeur de produits d'assurances, va même plus loin en affirmant : « *Je crois fermement que l'enthousiasme est à lui seul, et de loin, le facteur le plus important dans l'art de vendre* ».

Mais qu'est-ce au juste que l'enthousiasme ? L'enthousiasme, ainsi que le définit le dictionnaire, désigne « cet état privilégié où l'homme, soulevé par une force qui le dépasse, se sent capable de créer ».

C'est essentiellement dans la foi (en son entreprise, en son produit/service, en lui-même) que l'enthousiasme du vendeur prend sa source. C'est elle qui lui confère cette « force qui le dépasse » et l'enveloppe d'un magnétisme qui fascine et emporte l'adhésion. En revanche, le vendeur amorphe qui visite sa clientèle comme à contrecœur et récite mécaniquement et sans verve un argumentaire auquel il ne croit pas lui-même a d'avance perdu la partie. Quoi qu'il en soit, l'observation en situation des meilleurs vendeurs de France apporte la preuve irréfutable que l'enthousiasme se situe au cœur de la réussite commerciale. À la question « Aimez-vous votre métier ? », je n'ai

recueilli qu'une seule forme de réponse : « Je l'adore », « La vente est pour moi une passion », « Je n'imagine pas faire un autre métier ». Quant à la foi de ces vendeurs en leurs produits, il est des signes qui ne trompent pas :
– Laurent Schmitt raffole des céréales Kellogg's au petit déjeuner ;
– Gilles Chapeau ne porte que des chaussures fabriquées par Asco Eegim Shœs ;
– Christian Le Bas est convaincu qu'un sous-marin digne de ce nom ne peut être équipé que d'un système de propulsion électrique Jeumont Schneider Industrie ;
– Yvette Dumas adore se retrouver chez elle, le soir, pour parcourir son *Encyclopaedia Universalis*...

Et il ne s'agit là que de quelques exemples.

Le vendeur d'élite rayonne d'enthousiasme, et c'est sa foi indéfectible en ses produits qui gagne son prospect et le conquiert. Dans un métier qui repose essentiellement sur la persuasion, la foi dans l'excellence et la supériorité de ses produits et la passion de convaincre sont des vertus cardinales !

Lorsqu'il propose une police de retraite complémentaire, Thierry d'Halluin (Alpha Assurances) sait pertinemment que la vente de son produit lui permettra de développer son chiffre d'affaires ; mais tandis qu'il développe son argumentaire, ce qui le motive surtout est la perspective de préserver son client d'un dénuement éventuel et de lui aménager la retraite la plus heureuse possible.

On le constate, la foi transcende le message commercial, pénètre la conscience d'autrui et lui communique inconsciemment le désir du produit. Un message délivré sans enthousiasme, c'est un feu d'artifice tiré en plein jour !

Je n'ai connu personne qui, mieux que Jean Saint-Mleux, aujourd'hui disparu, ait su analyser les mécanismes de la suggestion. Auteur de plusieurs traités sur la vente, riche d'une expérience impressionnante (43 ans de vente sur le terrain, des dizaines de milliers de visites commerciales à son actif) détenteur du titre de meilleur vendeur plusieurs années durant à la Compagnie des Vernis Valentine, Jean Saint-Mleux était doué d'une clairvoyance exceptionnelle, pour démonter et mettre en lumière les mécanismes de la persuasion. Au cours de nos rencontres, il me fit part de ses réflexions sur ce qu'il estimait être le principal facteur de réussite dans la vente : l'enthousiasme du vendeur. Qu'il me soit permis de rendre un der-

nier hommage à celui qui aura été, pour moi, à la t
un modèle.

> *« L'art de persuader consiste souvent à émouvoir, à mettre e sensibilité de l'interlocuteur. Alors que la logique s'adresse surto raisonnement, l'émotion suscite la croyance, laquelle conduira l'action, en atteignant les racines invisibles des sentiments du client. L'émotion est un des facteurs déterminants de l'achat. En face d'un client réticent, la passion du vendeur s'exprime à travers tout son être et dépasse le contenu des mots employés jusqu'à donner au premier le sentiment qu'en persistant dans son refus, il insulte la raison. Dans cette inconstance, il est primordial que le vendeur manifeste son impétuosité naturelle, car elle se montre alors supérieure à la logique : qu'il laisse son "moi" monter spontanément à ses lèvres plutôt que de faire appel à une pensée organisée, à un raisonnement préformé. Dans l'enthousiasme, le naturel s'exprime et le vendeur sera bien inspiré de donner un peu de champ libre à sa nature, car en contraignant son esprit à suivre une démarche trop précise, il risque de délivrer une prestation manquant d'aisance et bien moins convaincante. Ne vaut-il pas mieux jouer Chopin avec quelques fausses notes que l'interpréter sans âme ? Un homme qui laisse parler son cœur chasse du même coup l'artifice et son éloquence vraie produit sur le client une impression d'autant plus vive et profonde. Etre empli de son sujet, oublier que l'on est en train de gagner quelqu'un à sa cause, tel est le critère de l'art de persuader. »*

La société Rank Xerox est reconnue comme étant l'une des meilleures écoles de vente au monde. C'est donc avec un intérêt particulier que j'ai accompagné Thierry Almeida (meilleur vendeur de France), dans ses tournées commerciales.

Effectivement, en situation, Thierry Almeida applique méthodiquement les principes et les techniques de vente : préparation des arguments, découverte des besoins, écoute, argumentation, réfutation, techniques de conclusion, etc., sont véritablement maîtrisées. D'ailleurs, comme il le souligne lui-même, il est tellement imprégné de sa technique qu'il la met en œuvre sans même y penser. Elle est devenue, chez lui, une seconde nature ! Mais en entretien de vente, il fait prévaloir sa vraie nature. Une nature exaltée, follement enthousiaste. Toute sa personne exprime la passion qu'il éprouve pour ses produits et qui plonge ses racines dans sa foi inébranlable en la qualité de ses produits.

Dans le feu de l'argumentation commerciale, Thierry Almeida ne connaît pas le doute. Ses produits sont incontestablement supérieurs à ceux de la concurrence et le prospect ne saurait envisager un choix différent. Lorsqu'il argumente, il engage son âme tout entière dans l'ouvrage, et toutes ses fibres nerveuses sont tendues vers un seul but : transfuser au prospect le désir d'acheter son photocopieur.

Lors d'un entretien de vente, l'argumentation verbale se charge de suggestionner de manière consciente le prospect. Mais j'ai la conviction profonde que la motivation et l'enthousiasme du vendeur participent puissamment à la persuasion inconsciente du client en démultipliant le pouvoir des arguments, en entraînant dans la même adhésion le cœur et la raison de l'interlocuteur.

On m'interroge souvent sur la personnalité des vendeurs étoiles. Leur arrive-t-il de douter ou de se sentir démotivés ? Ma réponse permettra sans doute de dissiper cette image de « foudre de guerre commerciale », de mécanique implacablement réglée pour la vente, qu'on leur prête volontiers. Le vendeur étoile n'est pas un être supérieur. Il est semblable à tout le monde, c'est-à-dire doué de sentiments et d'émotions. Lorsqu'il rencontre l'échec sur son chemin, il s'en montre tout autant affecté qu'un autre vendeur. À cet égard, tous les vendeurs d'élite m'ont dit avoir traversé des périodes de doute et de découragement. Certains m'ont même avoué qu'ils avaient vécu des moments de sérieuse déprime. Il n'en demeure pas moins vrai que les idées noires sont, chez eux, sporadiques et isolées, de simples bourrasques dans un océan d'enthousiasme.

Je reconnais que certaines personnalités sont par nature enjouées, tandis que d'autres semblent avoir été frappées dès leur naissance du sceau de la morosité. Bien entendu, c'est entre ces deux extrêmes que se situe la majorité des vendeurs. De nos jours, il semble plus facile de sombrer dans le défaitisme, voire la prostration totale, que d'éduquer son esprit à l'optimisme pour conserver son moral à un niveau raisonnable. Les conseils qui vont suivre ont justement pour objet d'inverser cette tendance, d'incliner définitivement votre balance psychique du côté positif, enthousiaste, au détriment des facteurs de démotivation.

Remarque

Les recommandations qui suivent constituent une « trousse de premiers soins d'auto-motivation ». Le lecteur réellement soucieux de modifier tel ou tel aspect de sa personnalité ou désirant parfaire sa connaissance pratique du « savoir influencer » trouvera, en annexe, une bibliographie des meilleurs ouvrages consacrés au domaine du développement personnel.

Pratiquer une écoute sélective

La démotivation vous tente ? Inutile de déployer de grands efforts, il vous suffit d'observer et d'écouter... Peut-être n'en avez jamais pris conscience, mais la majeure partie de ce que vous voyez et entendez est de nature à assombrir votre moral. Allumez votre poste de télévision, on vous montre avec complaisance la misère, la violence, la douleur sous toutes ses formes. Écoutez les macro-économistes, ils vous parlent de crise, de chômage, d'inflation ou de perte de pouvoir d'achat. Les micro-économistes ne sont pas en reste ; leur crédo : l'étau fiscal, le poids écrasant des charges sociales, la diminution des investissements, la concurrence déloyale des pays étrangers... Demandez à un collègue, un confrère ou un tiers exerçant une profession commerciale comment vont ses affaires. Huit fois sur dix, on vous répondra que les temps sont durs, la concurrence impitoyable et que la période des vaches grasses n'est pas pour demain. Prêtez l'oreille aux propos des acheteurs et tout ce que vous y recueillerez semblera destiné à vous saper le moral : vos produits sont trop chers, la concurrence a innové, vos services doivent d'urgence être améliorés, les budgets ont été réduits, etc.

Si vous recherchez des problèmes et des motifs de découragement, soyez sans crainte, le monde entier se chargera de vous approvisionner. D'une manière générale, si votre attention ne considère que le mauvais côté des choses, vous risquez fort de vivre bientôt un plein cauchemar. Vous pressentez que telle affaire comportera des difficultés à la négociation ? « Rassurez-vous », vous ne tarderez pas à rencontrer la pierre d'achoppement ou quelque embûche fatale. Votre emploi vous apparaît dénué d'intérêt ? Vous trouverez bien quelques mobiles sérieux pour justifier votre départ. Quel métier ne comporte-t-il aucun désagrément ? Vous voulez trouver des défauts insupportables à cet acheteur ? Immanquablement, vous y parviendrez. Nul n'est parfait.

C'est ainsi que nous voyons ce que nous voulons voir et entendons ce que nous souhaitons entendre. La parabole de la bouteille à moitié remplie que certains voient à moitié vide et d'autres à moitié pleine, ne semble pas près de se départir de son actualité.

Vous êtes un « technicien », passionné de mécanique ? Il y a fort à parier que lorsque la dernière-née des usines Renault fera son apparition, vous vous précipiterez sur les tableaux d'analyse de ses performances techniques. Si en revanche, vous êtes un esthète affirmé, que la mécanique ennuie, vous n'attacherez vraisemblablement d'importance qu'au tracé des lignes et des courbes du véhicule pour émettre votre jugement. Ainsi, en fonction de votre sensibilité, vous ne vous intéresserez qu'à tel aspect de ce nouveau modèle de voiture, et ne regarderez que ce que vous voulez voir. De même, dans la vente, si vous n'accordez d'importance qu'aux seules sources de démotivation, vous ne verrez qu'elles ! Au demeurant, l'acheteur se fera un devoir de vous déstabiliser et vous fournira plus d'occasions qu'il ne vous en faut pour sombrer dans le désespoir : louanges appuyées à l'endroit du concurrent, remarques acerbes à l'adresse de vos produits et services.

Avant d'évoquer les facteurs de motivation et d'enthousiasme, il importe de retirer son doigt de l'engrenage de la démotivation. Pour ce faire, il n'est de meilleure disposition que le filtre d'écoute. Il s'agit tout simplement de passer au crible les informations qui parviennent à votre cortex délicat ! Ne prêtez donc plus attention aux lamentations répétitives de vos dolents confrères. Ne vous laissez pas démoraliser par les prophéties lugubres des économistes en mal de récession. Faites la sourde oreille aux vaticinations funestes des soi-disant spécialistes de la conjoncture. De même, ne permettez plus aux critiques que les acheteurs déversent sur vous de vous entraîner au fond. Considérez-les, au contraire, comme un jeu. Surfez, glissez sur la vague.

Montrez-vous sélectif, ne laissez plus passer par votre conduit auditif que les encouragements, les éloges, les messages positifs et toutes les informations susceptibles d'ensoleiller votre mental ! D'ailleurs voyez, malgré la tourmente, la machine économique continue de tourner... les entreprises de produire et d'afficher, bon an mal an, des milliers, des millions de francs de bénéfices. Certes, il est des marchés qui fluctuent, des secteurs qui s'effondrent et des entreprises qui déposent leur bilan. Mais n'en a t-il pas toujours été ainsi ? Quoi qu'il en soit, pendant ce temps, des entreprises se développent, prospèrent, des créateurs d'entreprises opiniâtres et motivés agissent et réussissent, y compris dans des secteurs qu'on prétendait saturés. Et tandis que certains vendeurs se lamentent, d'autres, enthousiastes et déterminés, accumulent les succès commerciaux.

Branchez-vous sur la fréquence positive

Si vous appliquez la recommandation précédente, les parasites de l'esprit seront rapidement défaits. Dès lors, votre motivation se trouvant dégagée de ces mauvaises herbes permettra à l'enthousiasme de poindre et de s'épanouir. Et comme « on ne récolte que ce que l'on sème », pour moissonner l'enthousiasme, il faudra en semer la graine. En d'autres termes, seules les sources susceptibles de vous inspirer de l'enthousiasme devront retenir votre attention, et il vous faudra admettre parmi vos centres d'intérêt tout ce qui plaide en votre faveur et seulement cela.

Voici, à titre indicatif, quelques principes non exhaustifs à observer en vue d'affermir votre tonus psychique :

Compulsez les « success stories »

Étudier la réussite des autres et constater qu'elle sourit à ceux qui l'ont recherchée avec ténacité apporte en général un grand réconfort. Quel encouragement, en effet, que de découvrir le succès de ceux qui ont « démarré dans un garage », avec un minimum de moyens, ou de suivre l'ascension jusqu'aux sommets professionnels d'hommes qui ont débuté leur carrière en qualité de... « sous-chef adjoint préposé au fonctionnement du photocopieur ».

Un vendeur débutant, par exemple, ne sera-t-il pas stimulé d'apprendre que Thierry Almeida, avant dc devenir ce phénomène de la vente de photocopieurs, était... garçon de café ?

Remarque

En lisant ces récits, veillez toutefois à ne pas comparer votre expérience à celle de leurs acteurs, car un réel dégrisement pourrait survenir. En effet, comment ne pas se sentir découragé si l'on tente d'établir un parallèle entre le déroulement de ces carrières qui ont vu se décrocher des contrats extraordinaires d'une manière non moins surprenante, et votre expérience ? Vous ne savez que trop bien qu'il vous faut parfois suer sang et eau pendant des mois pour arriver à persuader le prospect de réaliser avec vous une affaire intéressant un budget dix fois plus petit. Il faut savoir en outre que les journalistes oublient souvent de préciser que l'exploit commercial relaté n'aurait pas été possible sans l'intervention décisive d'un grand-oncle, directeur des achats au sein de la société cliente, ou sans l'appui de tel camarade de promotion devenu responsable, dans l'établissement concerné, du choix des fournisseurs.

Faites appel à vos souvenirs positifs

Vous souvenez-vous de ce jour ou un client vous a félicité pour la qualité de votre travail ? Et de celui ou votre dévouement a été cité en exemple ? Votre patrimoine historique recèle forcément quelques expériences réussies, le souvenir de paroles élogieuses ou de compliments sincères décernés par un tiers satisfait de vos services, et dont l'évocation vous procure l'impression rafraîchissante et régénératrice d'une bouffée d'oxygène.

Le procédé d'auto-stimulation que nous allons décrire est fort simple et efficace, et vous pourrez y recourir toutes les fois que votre mental aura besoin de « punch » (juste avant d'entrer dans le bureau du prospect, par exemple). Il consiste à vous représenter mentalement l'état d'esprit qui était le vôtre au moment où l'on vous a donné les marques de satisfaction dont il est question ci-dessus. Pour ce faire, dirigez résolument votre esprit sur ces instants privilégiés ; essayez d'en retrouver mentalement les détails, de recréer les circonstances et l'ambiance mêmes de la scène telle qu'elle s'est effectivement déroulée. Ensuite, laissez la joie ou peut-être la légère ivresse que vous aviez alors éprouvée vous envahir à nouveau, l'émotion ressentie réapparaître en vous... Consentez cet effort et vous constaterez certainement que toute expérience vécue a imprimé en vous son empreinte et que votre mémoire, si vous en connaissez la clé, est prête à vous restituer des faits et impressions stockés à votre insu et que vous croyiez perdus.

Cette méthode fera l'effet, sur votre mental, d'une véritable inhalation d'oxygène. Votre tonus psychique s'en trouvera revigoré et vous aborderez plein d'entrain et sûr de vous l'entretien de vente que vous appréhendiez quelques minutes auparavant.

Dressez une liste d'avantages

C'est le procédé qu'emploie François Teissier (Mondial Assistance) pour renforcer sa motivation avant de s'engager dans une négociation commerciale importante. Il a établi tout simplement, sur une fiche cartonnée (au format carte à jouer), la liste des avantages (traduits en bénéfice clients) que le prospect pourra tirer de l'achat de ses produits. Ainsi, quelques minutes avant d'entrer en rendez-vous, il consulte sa liste et se pénètre l'esprit de tous les atouts qu'il va procurer à son interlocuteur. En outre, son pense-bête lui rappelle qu'il occupe, dans la négociation, une position de force puisqu'il détient — par ses produits — le pouvoir de simplifier le travail du prospect (confort), de lui faire réaliser des économies (donc gagner de l'argent) et d'enrichir ses connaissances (orgueil), entre autres bénéfices.

Rasséréné sur lui-même, le bien-fondé de sa mission jusqu'au dernier moment affirmé dans sa pensée, notre vendeur peut aborder son entretien sans crainte... Son enthousiasme ne lui fera pas défaut !

Avant de clore cette section, je voudrais rappeler encore la loi fondamentale qui sous-tend l'enthousiasme dont le vendeur doit faire montre lors d'une présentation de produit : sa passion pour son métier. J'en veux pour preuve absolue que cent pour cent des maîtres vendeurs que j'ai rencontrés se sont déclarés passionnés par leur métier. Et pour les avoir suivis, observés, analysés pendant dix-huit mois, je peux attester de la réalité de cette passion.

À la lumière de cette enquête, j'ai donc acquis la conviction que seuls les vendeurs passionnés disposaient du potentiel nécessaire pour devenir de « grands vendeurs » (s'ils n'étaient pas déjà membres de cette élite). Permettez-moi de citer les aphorismes de trois grands penseurs :
« *Ne fît-on que des épingles, il faut être enthousiaste de son métier pour y exceller.* » (Diderot)
« *Lorsque la passion est réellement forte, il n'est digue ni mur que son courant n'emporte.* » (Émile Augier)
« *Rien de grand ne s'est accompli dans le monde sans passion.* » (Hegel)

Vous voulez vérifier que vous êtes vraiment passionné ? Alors posez-vous la question suivante : « Si demain je décroche le gros lot au tirage du loto, continuerai-je à exercer ce métier ? ». Si, comme les vendeurs d'élite, vous répondez « *oui* », c'est que votre métier vous passionne.

Remarque

Il est exact que certains grands vendeurs dépensent, dans le cadre de leur profession, une énergie considérable en travaillant sans relâche. Des vendeurs étoiles m'ont avoué considérer leur métier comme leur raison de vivre. Il existe même des traités de la vente qui exhortent leurs lecteurs à travailler quinze heures par jour pour devenir des as !

Si la passion est, comme nous l'avons vu, nécessaire pour réussir dans la vente, elle ne saurait en aucun cas se commuer en esclavage. Prétendre que la réussite commerciale du vendeur est proportionnelle au temps qu'il consacre à son travail relève de la caricature. Car pour une fois, en ce domaine, l'analyse des statistiques ne permet pas d'émettre la moindre théorie. En effet, dans le panel de vingt-cinq maîtres vendeurs, j'ai rencontré autant de forcenés du travail que de tenants de la vie extra-professionnelle. Ces derniers considèrent leur travail comme une passion, certes, mais au même titre que le sport ou l'art, et la plupart d'entre eux placent leur vie de famille au premier plan de leur réussite personnelle.

Pour ma part, je crois fermement que tout excès est nocif... y compris l'excès de travail. La profession commerciale exige une grande dépense nerveuse ; c'est pourquoi la vie extra-professionnelle constitue un moyen irremplaçable de reconstituer et de maintenir son équilibre personnel.

Je tiens à la disposition de ceux qui n'en seraient pas convaincus, nombre de preuves vivantes attestant de manière remarquable que vie privée épanouie et réussite professionnelle se complètent à merveille.

Le pouvoir de la volonté

L'enthousiasme, atout majeur pour emporter la conviction et l'adhésion du prospect, trouve dans la volonté un support indispensable. D'une manière générale, quiconque souhaite mener à bien un projet ou faire accepter une idée se trouvera grandement aidé s'il réunit ces deux qualités. Mais quand il s'agit de réaliser une vente, l'action combinée de ces dernières s'avère capitale. Lors d'un entretien de vente, le vendeur fort de son enthousiasme et de sa foi en son produit/service se ménagera des chances de succès très supérieures s'il est, de surcroît, animé de la ferme volonté de vendre.

En effet, si l'enthousiasme possède le formidable avantage d'être communicatif et porteur d'un pouvoir de séduction indéniable, il recèle toutefois un inconvénient notable : celui d'entraîner le client à adhérer aux arguments du vendeur moins par la conviction que la prestation offerte répond à ses attentes, que par une réaction « affective » suscitée par la sympathie que lui a inspirée le vendeur. Dans ce cas, le prospect qui a été pris sous le charme du vendeur pourra voir dès la fin de l'entretien retomber, tel un soufflé, la décision qu'il commençait à ébaucher. Désormais seul, face à l'engagement à prendre, il reconsidérera froidement l'offre qui lui a été faite, cette fois à la seule lumière de la raison et en s'appuyant uniquement sur les éléments objectifs à sa disposition. Et sa réflexion l'amènera parfois à se dire : « Il avait tellement l'air d'y croire que j'avais presque envie de lui faire plaisir ! Mais, tout bien considéré, est-ce vraiment le produit que je recherche ? »

D'ailleurs, combien de vendeurs ayant rapporté d'une visite particulièrement réussie la quasi-certitude de signer bientôt une commande exceptionnelle, ont-ils finalement vu leurs espoirs s'évanouir en fumée lors de la visite suivante ? Et leur déception n'a d'égal que le désagrément de devoir faire part ensuite à leur direction commerciale de l'absence de suite d'une affaire qui s'annonçait pourtant prometteuse.

En matière de vente, l'enthousiasme, certes, est indispensable. Mais il doit être soutenu par une volonté affirmée de réussir, car cette force invisible agit de manière non négligeable sur le mental, ce qui se traduit dans le comportement et, par voie de conséquence, influence largement l'efficacité.

Quel est le mécanisme de la volonté et quels effets entraîne-t-elle par rapport à soi-même et vis-à-vis des autres ? On peut considérer tout d'abord que la volonté procède de la réflexion, car celle-ci va permettre au vendeur de se représenter le résultat qu'il souhaite atteindre : tel nombre minimum de commandes, à tel prix, à tel moment, etc. De ce travail préliminaire va se dégager une détermination qui, venant au renfort de l'enthousiasme, va conférer au vendeur une force de persuasion accrue, son « punch » et sa persévérance s'en trouvant en quelque sorte démultipliés. L'art de persuader, d'ailleurs, ne revient-il pas à exercer, d'une manière nuancée et subtile, sa volonté et le pouvoir de suggestion qu'elle véhicule parfois, sur une autre personne ? Or, pour produire pleinement ses effets, la volonté passe nécessairement par quelques étapes préparatoires, ce qui implique, de la part du vendeur soucieux de développer sa compétence, un travail personnel : avant de convaincre les autres, il faut se convaincre soi-même. La simplicité de ce programme n'est qu'apparente car l'on s'apercoit vite que toutes les forces vives se trouvent sollicitées dans cette démarche.

L'intime conviction

Être convaincu pour convaincre les autres... C'est l'évidence même ! Or, de nombreux vendeurs semblent, en situation, oublier cette équation. S'il n'est intimement convaincu des qualités de son produit, de l'avantage qu'il va procurer à son prospect ou de son adéquation aux besoins de ce dernier, comment le vendeur pourrait-il posséder la volonté réelle de le vendre ? On ne peut en effet prétendre exercer une influence sur le client ou gagner sa confiance par son argumentation ou son attitude sans croire soi-même à sa propre démarche.

Nous avons déjà parlé de la foi du vendeur dans ses produits. Rappelons cependant que l'on ne peut guère vendre très longtemps ce que l'on tient pour de la « camelote », à moins de lui attribuer quelques qualités expliquant que certains clients y trouvent leur compte.

Il faut reconnaître, il est vrai, qu'il existe aujourd'hui bien peu de produits sur le marché qui soient en tous points supérieurs à ceux de la concurrence. Tout produit, même leader dans son domaine, a ses faiblesses, susceptibles de décourager par moment le vendeur. S'il représente un produit haut de gamme reconnu et respecté pour sa qualité, celui-ci reprochera à sa direction marketing son prix très supérieur à ceux de la concurrence, dont il invoquera la menace grandissante. De son côté, le vendeur de produits bas de gamme expliquera la baisse de son chiffre d'affaires par la préférence que manifestent les clients pour les articles ou prestations de qualité, de peur de devoir payer ensuite la différence en services après-vente ou en invendus, selon le cas. L'art du vendeur est de savoir tirer parti des points positifs de la gamme qu'il représente, et de se convaincre de sa place sur le marché. Cela suppose de sa part, bien entendu, une parfaite maîtrise de son argumentaire et de l'offre spécifique faite au prospect.

Nous connaissons tous des exemples de personnes — il s'agit parfois de nous-mêmes — qui, parce qu'elles étaient animées d'un désir profond de réaliser leurs objectifs, ont relevé avec succès des défis réels. Ainsi en va-t-il d' Yvette Dumas *(Encyclopaedia Universalis)*, dont la foi en son produit se double justement d'un « challenge » : convaincue de la compétitivité de son produit et animée d'une farouche volonté de réussir, elle aborde chaque vente avec la certitude de la réaliser. Cette préparation mentale constitue le véritable moteur de son énergie et transforme son face-à-face avec son prospect en une véritable victoire à remporter sur elle-même. Paradoxalement, c'est ce même état d'esprit qui lui permet de garder sa confiance après un échec et d'éviter la démoralisation. Cette dynamique mentale, outre qu'elle bannit les pensées négatives du genre « je le sentais », « de toute façon, je n'étais pas en forme aujourd'hui », « ils ont déjà du matériel X dans cette entreprise, je ne passerai jamais »..., possède le pouvoir de suggestionner le prospect, de peser sur son jugement et sa décision finale.

La suggestion du prospect

Un vendeur convaincu et volontaire décuple ses chances d'emporter les suffrages de son interlocuteur s'il développe sa faculté de suggestion. Et, tandis que l'intime conviction qu'il a acquise lui permet d'évaluer de quel capital de volonté il dispose en lui-même, la suggestion va lui démontrer quels pouvoirs peut exercer la volonté lorsqu'elle est dirigée vers les autres.

Sûr de lui, l'assurance qu'il en retire se communique à son interlocuteur, et peut même l'impressionner jusqu'à faire autorité sur lui. Indéniablement, la parole ou les conseils émanant d'une personne qui a confiance en elle-même prennent un poids, un rayonnement particuliers, au point que l'on hésite à les mettre en doute. Par ailleurs, il est de nombreux entretiens de vente où le prospect se sent aussi anxieux que le vendeur, car il sait qu'un mauvais choix de sa part peut être lourd de conséquences pour lui-même ou pour son entreprise. Imaginez un directeur de la communication devant choisir une agence de publicité pour concevoir une campagne nationale destinée à assurer le lancement d'un nouveau produit ; ou encore le directeur informatique d'une PME en plein essor sur qui repose le choix d'un matériel performant et évolutif ; ou enfin le chef de rayon d'hypermarché qui, en fin d'année, craint de remplir 40 % de ses linéaires de jeux vidéo dont raffolent les jeunes, mais que les parents se montrent de plus en plus réticents à acheter. L'incertitude ou la peur des conséquences d'un mauvais choix font que l'individu a besoin de propos rassurants et d'encouragements, même s'ils proviennent de celui qui, par l'influence qu'il s'efforce d'exercer sur sa décision, peut être perçu comme un adversaire.

Sur le point de réaliser un achat dont vous aviez follement envie mais qui dépassait vos moyens ou vous changeait de votre style habituel, ne vous est-il jamais arrivé, alors que vous étiez plongé dans une indécision torturante, d'accueillir avec soulagement la petite phrase du vendeur : « *Franchement, vous pouvez y aller, vous ne le regretterez pas* », qui vous permettait de rédiger votre chèque l'esprit presque en paix ? Un certain nombre d'acheteurs se révèlent ainsi velléitaires et incapables de se décider sur le champ, cela par peur de faire un mauvais choix ou tout simplement parce qu'ils n'ont pas défini avec suffisamment de précision leurs besoins exacts et les moyens dont ils disposent, ce qui les rend particulièrement vulnérables aux suggestions d'un vendeur bien informé de ces dispositions d'esprit. Le professionnel n'éprouvera aucune difficulté à exercer un ascendant, discret mais puissant, sur ce type de client. Rassuré, presque heureux de voir sa motivation étudiée et prise en main par un spécialiste, ce dernier accueillera volontiers les suggestions du vendeur, à condition, bien entendu, que celui-ci ait parfaitement défini son objectif et lui présente une offre sans défaut, qui ne soit pas de nature à altérer sa confiance.

Utiliser son ascendant et entretenir une volonté inaltérable ne doivent cependant pas aboutir à inverser les rapports de force qui s'instaurent dans une négociation commerciale. Le client « reste le roi », et influence ne signifie pas supériorité. Tout l'art du vendeur est de « mettre la pression » en douceur, sans qu'il y paraisse, et surtout sans tomber dans le piège de la fatuité et de la condescendance. Dans tous les cas, le client tient à rester le décideur, et il supportera toujours très mal d'être poussé dans sa décision ou pris pour un simple d'esprit !

La persévérance

« Vouloir, c'est pouvoir ». Le destin de cet adage semble bien être de franchir les siècles sans dommage. Et pourtant, sa mise en œuvre ne va pas toujours de soi. Trop souvent, la volonté ne triomphe qu'au prix d'un dur labeur et combien de fois sur le métier devons-nous remettre notre ouvrage ! Lenteurs, contretemps, difficultés de tous ordres, échecs répétés... À tous ces écueils nous n'apporterons qu'une réponse, un moyen unique de traverser les turbulences de la vie : il a pour nom persévérance. Ainsi que nous l'avons vu, l'entretien de vente met en relation deux individus aux caractéristiques bien différentes et dont les intérêts ne sont pas toujours concordants. Dans votre démarche, n'omettez jamais d'objectiver l'échec, afin de ne pas vous démotiver. Une anecdote bien connue, qui nous vient des États-Unis, dit qu'il faut faire faillite trois fois avant de faire fortune. N'est-ce pas là un bel exemple de persévérance ?

Pour revenir à notre propos, il n'est pas indifférent de savoir que la vente d'un système de propulsion électrique de sous-marin se conclut en moyenne au terme de sept années de négociations techniques et commerciales, ainsi que nous le révèle Christian Le Bas (Jeumont Schneider Industrie). Sept ans de réflexion pour le client, mais aussi sept ans de motivation et de volonté opiniâtre pour le vendeur !

Persévérer est d'autant plus important qu'un obstacle peut bloquer une vente pendant un temps plus ou moins long : un budget gelé, un personnage-clé de la hiérarchie qui retarde la décision, un prospect peu disponible, etc. Tôt ou tard, la conjoncture s'améliore et le vendeur obstiné et patient se félicite d'avoir maintenu avec soin ses rapports avec le prospect...

L'ART DE SÉDUIRE, ARME DES MEILLEURS VENDEURS

Le « relationnel »

Ce vocable du langage commercial désigne l'aptitude particulière que manifeste un vendeur pour la communication verbale. Le vendeur « relationnel » est un personnage ouvert, chaleureux, capable d'établir immédiatement, avec la majorité de ses interlocuteurs, une relation privilégiée qui le place sur une même longueur d'onde, fraternelle et complice. Le relationnel, c'est l'art de séduire au service de la vente.

Une question se pose : quelle place occupe le relationnel dans la réussite commerciale ? Le sujet passionne visiblement les professionnels, dont les avis s'avèrent pourtant partagés. En les amplifiant quelque peu, deux groupes d'opinions distincts se dégagent : le premier, estimant que le client sait aujourd'hui parfaitement distinguer l'argument valable (celui qui lui confère un avantage réel) du discours enjôleur, considère le relationnel comme une arme désuète de l'arsenal du savoir-vendre. Pour ce groupe, rien ne remplace l'argumentation rationnelle, la démonstration mathématique. Le second, en revanche, tient les qualités relationnelles du vendeur pour essentielles et déterminantes dans le succès commercial. Pour ce groupe, la vente s'apparente à une entreprise de séduction !

Pour nous forger une opinion, c'est un fois de plus sur le terrain, auprès de maîtres vendeurs, que nous irons rechercher les éléments d'une réponse. Nous savons déjà que le vendeur étoile maîtrise son produit, ses arguments, et applique, consciemment ou d'instinct, la plupart des préceptes de la vente qui ont été développés au cours du précédent chapitre. Il s'agit maintenant de savoir si le vendeur étoile, dans l'exercice de son métier, déploie des qualités relationnelles et le cas échéant, d'en évaluer l'importance relative dans la réalisation de la vente. « *Il n'y a pas un seul secteur de la vente qui échappe à la nécessité de plaire ; et la mise en œuvre, par le vendeur, de ses facultés relationnelles est l'une des composantes principales de la séduction* ». Le ton nous est donné par Gilles Chapeau (Asco Eegim Shoes), et la totalité des vendeurs d'élite interrogés sur le sujet confirmera cette affirmation, y compris Christian Le Bas : « *Même pour vendre un système de propulsion de sous-marin, la cote d'amour des acheteurs pour leurs ingénieurs commerciaux a son importance* ».

Et effectivement, en situation de vendre, les maîtres vendeurs manifestent tous — seules les proportions varient — ces qualités relationnelles. Par exemple, accompagnant Thierry Almeida (Rank Xerox) chez l'un de ses clients (le service reprographie d'une entreprise du secteur pharmaceutique auquel il avait vendu du matériel Rank Xérox six mois plus tôt), quelle ne fut pas ma surprise de voir notre vendeur saluer les différents employés du service, dont il connaissait les noms : « *Bonjour monsieur Baulieu... Comment allez-vous monsieur Frankel ?* », puis aller s'enquérir auprès de la secrétaire des résultats obtenus par son fils au baccalauréat (la suite révèlera leurs rôles de prescripteurs), pour terminer sa visite dans le bureau du chef de service, véritable décisionnaire, avec lequel il s'entretient pendant cinq minutes de choses et d'autres avant d'entrer dans le vif du sujet : les nouveaux besoins du service reprographie en matière de copieurs. La discussion qui suivit fut très naturelle, franche et spontanée. Le vendeur considérait les besoins du prospect avec un réel intérêt, et lorsqu'il sut qu'il pouvait y répondre, sa présence et son écoute augmentaient d'intensité. Le ton de Thierry Almeida était celui de l'ami délivrant un conseil sincère. Oubliée, la relation acheteur/vendeur. Il s'était progressivement instauré, entre les deux hommes, comme une communication fraternelle ! Quelques semaines plus tard, après étude des propositions de la concurrence, le client passa commande à Thierry Almeida d'un copieur « haut-volume » pour un montant dépassant le million de francs. Avec l'accord de Thierry Almeida, je repris contact avec l'acheteur et, prétextant une étude sur les relations acheteur/vendeur, je l'interrogeai sur les raisons qui lui avaient fait choisir le matériel Rank Xerox. J'obtins cette réponse :

> « *Je dois dire que je n'aurais jamais acheté ce matériel s'il ne présentait pas, à mes yeux, toutes les qualités de fiabilité et de performance que nous sommes en droit d'attendre ! Mais la motivation de cet achat ne se situe pas sur ce seul plan, car d'autres sociétés proposent du matériel d'une qualité comparable. Or, bien souvent, quand vous voyez arriver leurs vendeurs, vous sentez qu'ils poursuivent l'unique objectif de vendre. Moi, cela m'énerve et m'inquiète en même temps. Évidemment, je ne suis pas complètement idiot et je sais bien que Thierry Almeida est un vendeur, tenu lui aussi par des impératifs de chiffre d'affaires. Mais quand il se trouve en face de moi, je ne ressens pas cette pression. J'ai même le sentiment qu'il défend mes intérêts... D'autre part, c'est un homme en qui on peut avoir confiance, car il ne se dérobe pas quand on a des problèmes. Et puis, comment dire... Il est sympathique. D'ailleurs, tout le monde l'apprécie, dans la maison !* »

Les trois dernières phrases ne sont-elles pas, à plusieurs titres, révélatrices ? Assurément, le relationnel pèse d'un poids réel dans la réussite de la vente ! Mais il ne doit pas faire oublier les autres facteurs du succès (qualité du produit, adéquation du produit à la demande...) et le savoir-faire du vendeur (préparation, découverte des besoins, mise en adéquation du produit au besoin, technique de vente, respect de la déontologie, enthousiasme communicatif...). Car la vente forme un tout, et le meilleur vendeur est souvent celui qui réunit le plus grand nombre de qualités et de compétences. S'il est excessif de prétendre que la réussite commerciale repose entièrement sur les qualités relationnelles du vendeur et sa séduction personnelle, ils y contribuent incontestablement, emportant même la décision lorsque deux offres concurrentes ont du mal à se départager.

Ex-professeur de comptabilité, autodidacte de la vente, Yvette Dumas (vendeuse d'élite d'*Encyclopaedia Universalis*) est venue à la vente « *par goût des relations humaines* ». En effet, en entretien de vente, Yvette Dumas semble mener une discussion entre amis :

> *Le prospect :* « Est-ce qu'un adolescent de seize ans peut s'en servir pour faire un devoir d'école ? »
> *Yvette Dumas :* « Bien entendu. Tenez, récemment, mon fils qui a dix-sept ans avait un devoir d'histoire à rendre dont le sujet était Franklin Roosevelt. Il a consulté son *Encyclopaedia Universalis*. Tout y était m'a-t-il dit. Il a rendu un très bon devoir et obtenu une excellente note ! Vous aussi, ce serait pour votre fils ?... »

À la fin de l'entretien, le prospect n'a plus l'impression d'avoir en face de lui une commerciale, mais presque une amie. Un ami ne poursuit que notre bien et lorsqu'il offre son conseil, il est tentant de l'accepter... En tout cas, une constatation s'impose : les prospects suivent plus facilement les conseils d'achat d'Yvette Dumas que ceux des autres commerciaux. Car c'est aussi cela le relationnel, s'investir personnellement dans ses contacts avec les autres. Vouloir faire de chaque relation commerciale une relation d'amitié, en oublier presque que l'on vend... sans jamais l'oublier ! Car il ne saurait être question de confondre vendeur relationnel et « vendeur à l'amitié », ce dernier visitant sa clientèle comme on fait la tournée des copains, faisant passer au second plan sa mission !

Le relationnel constitue une arme commerciale authentique, mais sa nature est binaire. Seul, il est inopérant. Il ne produit ses pleins effets qu'allié à un autre élément, la sincérité. Thierry d'Halluin (Alpha Assurances), Yvette Dumas *(Encyclopaedia Universalis)*, Thierry Almeida (Rank Xerox), Frédéric Romanet du Caillaud (Grand V)... **tous** m'ont assuré de la parfaite sincérité de leur démarche relationnelle. Et en les observant en situation réelle d'entretien, j'en ai acquis la certitude. Car le déguisement, l'hypocrisie se décèlent aisément. Je n'ai pas senti, chez un seul des vingt-cinq vendeurs d'élite que j'ai suivis, l'ombre d'une simulation !

N'oubliez pas Narcisse

« *Celui qui t'aime, fût-il un chien, tu l'aimeras aussi.* » (Proverbe touareg).

C'était au cours d'une soirée classique, entre amis. Mon voisin de table se trouvait être un expert en œuvres d'art du dix-huitième siècle. Conscient de mes lacunes en ce domaine, je profitai de cette opportunité pour m'instruire... Nous engageâmes la conversation, laquelle devait s'achever près de trois heures plus tard. Je l'interrogeai sur ses motivations, sa formation, son itinéraire, le harcelai de questions au sujet des techniques d'évaluation des œuvres d'art, de celles qui permettent de reconnaître des « faux », etc., tant et si bien qu'à la fin de la soirée, cet homme, son parcours professionnel et personnel, son métier et sa façon de l'exercer me paraissaient étonnamment proches. En outre, sa connaissance de l'art était impressionnante, et pour son auditoire, moi en l'occurrence, véritablement passionnante. De son côté, il ne connaissait rien de moi, pas même mon nom ; en effet, ces trois heures de discussion lui avaient été entièrement consacrées. Quelques jours plus tard, je reçus un appel téléphonique du maître de maison, qui me faisait savoir que son ami l'expert avait beaucoup apprécié ma compagnie et souhaitait nous inviter, mon épouse et moi, un soir chez lui pour... discuter !

Gare aux apparences ! Ce que l'on considère parfois comme de la séduction, n'est en réalité qu'auto-séduction. Cette anecdote doit nous rappeler que le plus sûr moyen de séduire un client est de lui offrir un miroir, de lui renvoyer son image ; sans flagornerie et en s'intéressant sincèrement à lui. Car il ne faut pas croire que les clients soient abusés. Ils distinguent très vite ceux dont les questions procèdent d'un intérêt sincère et dont l'écoute est authentique, de ceux dont la démarche a pour véritable objet de les manipuler. C'est pourquoi le vendeur séducteur s'efforcera d'être totalement centré sur son prospect, avec le désir véritable de le découvrir, de mieux le connaître, le comprendre... Pour mieux le servir.

Les redites fixent la mémoire ! Aussi je voudrais, avant de terminer cet ouvrage, renouveler ce conseil, cette loi fondamentale de la vente et, partant, de la séduction commerciale : aimez vos clients !

Aimer ses clients, c'est leur adresser des louanges sincères, ménager leur amour-propre, les écouter avec une attention non feinte, partager leurs joies, leurs soucis, leur faire sentir leur importance. En un mot, respectez votre prospect, considérez-le dans toutes ses dimensions d'être humain, et non seulement comme un acheteur potentiel. Vous mettre à l'écoute des autres ne vous diminuera pas, bien au contraire. Vous y gagnerez en profondeur, en connaissance de l'humain, et votre envergure professionnelle n'en fera que croître. Ayez donc de l'estime pour votre prospect, en songeant qu'il la mérite, et n'hésitez pas à avoir pour lui des attentions désintéressées... tout en restant vous-même. Sachez que les « béni oui-oui » n'ont jamais fait de bons vendeurs.

En revanche, il est rare que le vendeur étoile, celui qui met en application ces préceptes, ne soit pas payé en retour... par des achats réguliers !

RÉPONSES AUX EXERCICES

Exercice 1

1 — Question d'information
2 — Question d'information
3 — Question d'information
4 — Question d'information
5 — Question de validation
6 — Question d'information
7 — Question de validation
8 — Question de validation
9 — Question de validation
10 — Question de validation
11 — Question de validation
12 — Question d'information
13 — Question de validation
14 — Question d'information
15 — Question de validation

Exercice 2 - Problème ou besoin ?

1 — Problème
2 — Problème
3 — Besoin
4 — Problème
5 — Problème
6 — Problème

7 — Besoin
8 — Besoin
9 — Problème
10 — Besoin

Exercice 3 - Question d'information, de validation ou d'engagement

1 — A (Question d'information)
2 — A (Question d'information)
3 — A (Question d'information)
4 — A (Question d'information)
5 — A (Question d'information)
6 — A (Question d'information)
7 — A (Question d'information)
8 — A (Question d'information)
9 — A (Question d'information)
10 — A (Question d'information)
11 — A (Question d'information)
12 — A (Question d'information)
13 — B (Question de validation)
14 — A (Question d'information)
15 — B (Question de validation)
16 — B (Question de validation)
17 — C (Question d'engagement)

BIBLIOGRAPHIE

Marketing direct

Marc Gladysz
Le phone Marketing
Maxima, 1994

Régis Hauser
Concevoir et rédiger des mailings efficaces
Éditions d'Organisation, 1988

Jean-Pierre Lehnisch
Le mailing, clé du succès de vos ventes
Éditions d'Organisation,1988

Yvon Le Men
Pratique du marketing direct
Dunod, 1990

Xavier Lucron
Comment augmenter vos ventes par le marketing direct
Éditions Dalian, 1988

Sophie de Menthon, Jean-Pierre Lehnisch
Modèles de Scénarios et de vente téléphonique
Top Éditions, 1992

Reiner K. Selz
Devenez imbattable grâce à la nouvelle publicité
Éditions Selz, 1988

Guy Soulier
100 conseils pratiques pour utiliser brillamment le téléphone dans l'entreprise
Éditions Dalian, 1991

Vente/Négociation

Marc Corcos
Les techniques de vente qui font vendre
Dunod, 1988

Jean-François Crolard
Techniques de la vente
Delachaux et Niestlé, 1988

Heinz M. Goldman
L'art de vendre
Delachaux et Niestlé, 1981

Philippe Korda
Vendre et défendre ses marges
Dunod, 1994

Charles Lancar
Vendeurs en action
Publi-Union, 1992

Malcolm HB. McDonald, John W.Leppard
How to sell a service
Butterworth Heinemann, 1993

Pierre Rataud
L'alchimie de la vente
Éditions d'Organisation, 1987

Jean-Saint Mleux
Les vrais secrets de la vente
Édition personnelle, 1988

Renée et Jean Simonet
L'argumentation, stratégies et tactiques
Éditions d'Organisation, 1990

William Ury
Comment négocier avec les gens difficiles
Seuil, 1991

Développement personnel

Dominique Chalvin, Christine Rubaud
Utilisez toutes les capacités de votre Cerveau
ESF Éditeur, 1990

Dr. Yves Davrou
Guide pratique de la sophrologie
Retz, 1991

Patrick Estrade
Réussissez votre personnalité
Éditions Dangles, 1990

Dr. J.-P. Guyonnaud
Méthodes faciles d'auto-hypnose
Jacques Grancher Éditeur, 1989

Milène Screm
Cours pratique de training autogène
Éditions de Vecchi, 1991

Divers

Dale Carnegie
Comment se faire des amis
Le livre de poche, Hachette, 1990

Robert Cialdini
Influence et manipulation
First, 1990

Philip Kotler & Bernard Dubois
Marketing management
Publi-Union, 1990

STEDI, 1, boulevard Ney, 75018 Paris - Tél. 01.40.38.65.40
Dépôt légal, Imprimeur, n° 5139
Dépôt légal : avril 1997 *Imprimé en France*
Dépôt légal 1re édition : 1er trimestre 1992